财务管理实训教程

刘志祥　秦丽芬　龚茜倩　主编

山东大学出版社
SHANDONG UNIVERSITY PRESS
·济南·

图书在版编目(CIP)数据

财务管理实训教程 / 刘志祥，秦丽芬，龚茜倩主编.—济南：山东大学出版社，2023.12

ISBN 978-7-5607-7865-5

Ⅰ. ①财… Ⅱ. ①刘… ②秦… ③龚… Ⅲ. ①财务管理—教材 Ⅳ. ①F275

中国国家版本馆 CIP 数据核字(2023)第 119894 号

责任编辑 张彩芸
文案编辑 谭婧婺
封面设计 蓝海文化

财务管理实训教程
CAIWU GUANLI SHIXUN JIAOCHENG

出版发行 山东大学出版社
社　　址 山东省济南市山大南路 20 号
邮政编码 250100
发行热线 (0531)88363008
经　　销 新华书店
印　　刷 济南乾丰云印刷科技有限公司
规　　格 720 毫米×1000 毫米 1/16
　　　　 12.5 印张 230 千字
版　　次 2023 年 12 月第 1 版
印　　次 2023 年 12 月第 1 次印刷
定　　价 52.00 元

目　录

第一章　财务管理基础

实训目标

通过教学与实训操作，学生能够掌握货币时间价值的计算，了解风险与收益的衡量指标，并掌握风险与收益相关指标的计算与应用。

第一节　财务管理的概念、目标及原则

一、财务管理的概念

财务管理是运用管理知识、方法与技能管理企业资金筹集、使用和分配的一种行为。其内容主要有资金筹集、投放、耗资、收入与分配。财务管理是企业经营活动中的一项重要内容，它是依照财经法律规定，遵循财务管理的基本原理，组织企业财务活动和处理财务关系的一种经济管理工作。

二、财务管理的目标

财务管理的目标是实现公司利润、股东财富、公司价值及所有者权益的最大化。

三、财务管理的原则

财务管理的基本原则有系统性原则、现金平衡原则、收益风险原则和利益协调原则等。系统性原则是指财务管理作为集团各成员单位管理体系中的一个子系统，其本身又由筹资管理、投资管理、分配管理等子系统组成。现金平衡原则是指在公司的经营活动中，实行的是收付实现制，而不是应收应付制，客观

上必须在公司的经营活动中实现现金收支的数量和时间上的动态均衡,也就是现金流转平衡。收益风险原则是指在公司经营活动中,成本、收益与风险之间总是互相联系、互相约束的。利益协调原则是指在开展财务活动时,必须协调各利益相关者之间的利益关系。

第二节　资金的时间价值

关键知识点

一、资金的时间价值

1.资金的时间价值的概念

资金的时间价值是指一段时期内资金所创造的增值。

资金的时间价值的两个基本前提:第一,资金要用于公司的生产经营中;第二,资金的时间价值有一个时间段。

资金的时间价值是由资金周转速度决定的。因此,资金的时间价值本质上就是资金在周转使用后因产生新的价值而带来的增值。

2.资金的时间价值的表示方法

(1)绝对数:资金在生产和运营中所产生的实际增值,即所谓的"利息"。

(2)相对数:真实的增值额除以投入的资金额。

3.几组相关概念比较

(1)终值和现值

终值:当前一定数量的现金在未来某一时刻的价值,通常称为"本利和"。

现值:将来某个时间点上的一定量的现金折算为现在的价值,也就是所谓的"本金"。

(2)单利和复利

单利:仅对本金计算利息。

复利:按本金加上已计的利息一并计算利息,也就是所谓的"利滚利"。

二、复利终值与现值

1.复利终值

(1)定义

复利终值是目前以复利方式对某一特定资金换算至未来某一时点的价值,或者是现在一定数量的本金在未来某一时期按复利方式计算的本金和利息的总和。

(2)计算公式

$$F=P\times(1+i)^n=P\times(F/P,i,n)$$

其中，$(1+i)^n$ 为复利终值系数，用符号表示为 $(F/P,i,n)$。

2.复利现值

(1)定义

复利现值是将未来某一时点的特定资金按照一定的复利计算方式，转换成当前的价值。也就是说为获得未来一定的本利和目前所要投入的本金。

(2)计算公式

$$P=F\times(1+i)^{-n}=F\times(P/F,i,n)$$

其中，$(1+i)^{-n}$ 为复利现值系数，用符号表示为 $(P/F,i,n)$。

3.关键结论

(1)复利终值与复利现值互为逆运算。

(2)复利终值系数 $(1+i)^n$ 与复利现值系数 $(1+i)^{-n}$ 互为倒数。

三、年金终值与现值

1.年金的概念

年金是一系列定期等额的收付款项，通常用符号“A”表示。

(1)系列：一般是指多笔款项而非一次性款项。

(2)定期：每间隔相等时间(可以不是一年)收到或支付。

(3)等额：每次发生额相等。

2.年金终值与年金现值的计算(见表 1-1)

表 1-1　年金终值与年金现值

	概念	内容
普通年金	终值	$F=A\times[(1+i)^n-1]/i=A\times(F/A,i,n)$
		在普通年金终值的计算中，若用年金终值来求年金，则求出的年金被称为“偿债基金”
		年偿债基金 $A=F\times i/[(1+i)^n-1]=F\times(A/F,i,n)$ 即：偿债基金＝普通年金终值×偿债基金系数
		“偿债基金系数”和“年金终值系数”互为倒数

续表

	概念	内容
普通年金	现值	$P=A\times[1-(1+i)^{-n}]/i=A\times(P/A,i,n)$
		在普通年金现值的计算中，若用年金现值来求年金，所得到的年金叫作“资本回收额”
		资本回收额 $A=P\times i/[1-(1+i)^{-n}]=P\times(A/P,i,n)$ 即：资本回收额＝普通年金现值×资本回收系数
		“年金现值系数”和“资本回收系数”互为倒数
预付年金	终值	$F=A\times(F/A,i,n)\times(1+i)$ $=A\times[(F/A,i,n+1)-1]$
	现值	$P=A\times(P/A,i,n)\times(1+i)$ $=A\times[(P/A,i,n-1)+1]$
递延年金	终值	$F=A\times(F/A,i,n)$，其中 n 是指 A 发生的次数，与递延期不相关
	现值	第一种计算方法：将递延年金看作 n 期普通年金，得到其在 m 期期末的普通年金现值，并运用复利现值的计算方法将该年金现值折算到第一期期初。 $P=A\times(P/A,i,n)\times(P/F,i,m)$
		第二种计算方法：首先求出 $m+n$ 期年金的现值，然后再从中扣除 m 期年金的现值。 $P=A\times[(P/A,i,m+n)-(P/A,i,m)]$
		第三种计算方法：首先计算出递延年金的终值，然后将其折算成当前的价值。 $P=A\times(F/A,i,n)\times(P/F,i,m+n)$
永续年金	终值	无终值
	现值	$P=\frac{A}{i}$

四、利率的计算

1.已知现值或终值系数，求利率

情形一：查阅系数表，可直接查到相应数值，则对应利率就是所求的利率。

情形二：系数表中无法查到对应的数值，可通过插值法（近似）计算对应利率。插值法的原理是在同一直线上，三个点中任何两点的横坐标差额之比等于相应纵坐标差额之比（见图 1-1、图 1-2）。

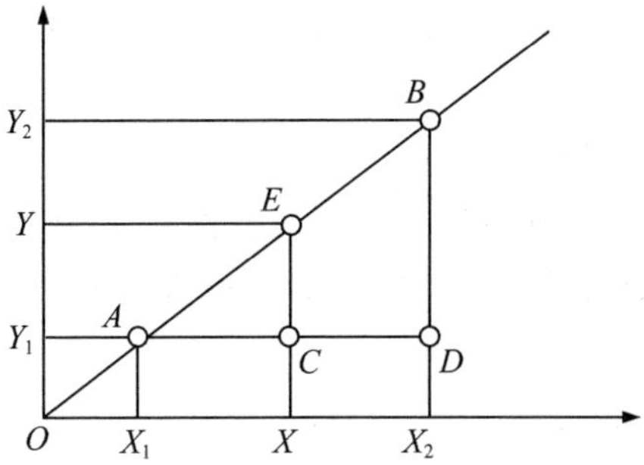

图 1-1 利率与终值系数关系

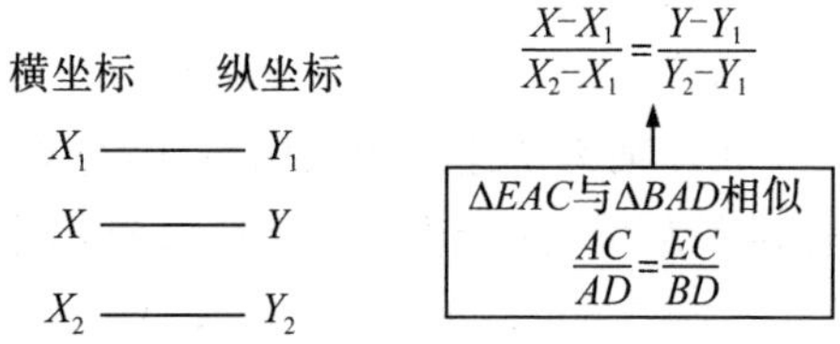

图 1-2 插值法原理

2.实际利率的计算

(1)一年多次计息的实际利率

名义利率与实际利率的换算关系如下：

$$i=(1+\frac{r}{m})^{m-1}$$

式中，i 为实际利率，r 为名义利率，m 为每年复利计息次数(计息周期的次数)。

结论：在一年多次计息时，实际利率高于名义利率，并且在名义利率相同的情况下，一年计息次数越多，实际利率越高。

(2)通货膨胀情况下的实际利率

通货膨胀情况下的名义利率与实际利率的关系如下：

$$实际利率=\frac{(1+名义利率)}{(1+通货膨胀率)}-1$$

如果通货膨胀率＜名义利率，则实际利率＞0；

如果通货膨胀率＞名义利率，则实际利率＜0。

实训资料与要求

一、选择题

1.张某四年后需用资金 48,000 元，假定银行四年期存款年利率为 5%，则在复利计息情况下，目前需存入的资金为(　　)元。[已知：$(P/F,5\%,4)=0.8227$，$(F/P,5\%,4)=1.2155$]

A.40,000　　B.29,803.04　　C.39,489.6　　D.58,344

2.某人第一年年初存入银行 400 万元，第二年年初存入银行 500 万元，第三年年初存入银行 400 万元，假设银行存款利率是 5%，则在第三年年末，他可以从银行取出(　　)万元。[已知:(F/P,5%,3)=1.157,6,(F/P,5%,2)=1.102,5,(F/P,5%,1)=1.050,0]

A.1,434.29　B.1,248.64　C.1,324.04　D.1,655.05

3.贾某为了让儿子出国留学,打算在5年后准备出300万元教育基金,在当前利率为6%的情况下,贾某每年年末需要存款(　　)万元。[已知:(F/A,6%,5)=5.637,1,(P/A,6%,5)=4.212,4]

A.60　B.55　C.53.22　D.52.33

4.下列年金终值的计算中与普通年金终值计算一样的是(　　)。

A.预付年金　B.先付年金　C.递延年金　D.永续年金

5.某人分期购买一辆汽车,每月末支付3,000元,分24次付清,月利率为1%,相当于现在一次性支付(　　)元。[已知:(P/A,1%,24)=21.243,4,(P/A,12%,2)=1.690,1]

A.55,070.3　B.72,000　C.60,843.6　D.63,730.2

6.下列各项中,与普通年金终值系数互为倒数的是(　　)。

A.预付年金现值系数　B.普通年金现值系数

C.偿债基金系数　D.资本回收系数

7.某年金的收付形式为从第1期期初开始,每期支付200元,一直到永远。假设利率为8%,则其现值为(　　)元。

A.2,000　B.2,300　C.2,500　D.2,700

8.某医药企业近期购置了一台精密仪器,从第3年年初开始付款,分5年支付,每年支付100万元,按照10%的年利率计算,该仪器的现值为(　　)。

A.100×(P/A,10%,5)×(P/F,10%,1)

B.100×(P/A,10%,5)×(P/F,10%,2)

C.100×(P/F,10%,5)×(P/A,10%,1)

D.100×(P/F,10%,5)×(P/A,10%,2)

9.小金于2022年1月15日取得一笔贷款200,000元,用于支付其攻读MBA的学费,年限为2年,年利率为12%。小金从2020年2月15日开始还款,每月还一次,则其每个月的应付金额为(　　)元。

A.200,000×(P/A,12%,2)

B.$\frac{200,000}{(P/A,1\%,24)}$

C.200,000×(F/A,12%,2)

D.$\frac{200,000}{(F/A,1\%,24)}$

10.某年金在前2年无现金流入，从第3年开始连续5年每年年初现金流入300万元，则该年金按10%的年利率折现的现值为(　　)万元。

A.300×(P/A,10%,5)×(P/F,10%,1)

B.300×(P/A,10%,5)×(P/F,10%,2)

C.300×(P/F,10%,5)×(P/A,10%,1)

D.300×(P/F,10%,5)×(P/A,10%,2)

11.李先生打算存入一笔资金，使其可以在十年后，每年年末取出10万元作为旅游基金，银行存款年利率为6%，则李先生应于现在存入银行(　　)万元。[已知：(P/F,6%,10)=0.558,4，(P/F,6%,11)=0.526,8]

A.93.07　　B.100　　C.112.36　　D.166.67

12.某企业每半年存入银行5万元，假设银行存款年利率为8%，已知(F/A,4%,6)=6.633，(F/A,8%,3)=3.246,4，(P/A,4%,6)=5.242,1，(P/A,8%,3)=2.577,1，则3年后收到本利和共计(　　)万元。

A.16.232　　B.26.21　　C.33.165　　D.12.89

13.某人拟在5年后还清50,000元的债务，假设从现在开始每年年末等额存入银行一笔款项，银行存款利率为10%，已知(A/F,10%,5)=0.163,8，则每年年末存入(　　)元。

A.10,000　　B.8,190　　C.9,000　　D.9,347.28

14.公司投资于某项长期基金，本金为5,000万元，每季度可获取现金收益50万元，则其年收益率为(　　)。

A.2.01%　　B.1.00%　　C.4.00%　　D.4.06%

15.甲公司投资一项证券资产，每年年末都能按照6%的名义利率获取相应的现金收益。假设通货膨胀率为2%，则该证券资产的实际利率为(　　)。

A.3.88%　　B.3.92%　　C.4.00%　　D.5.88%

16.A公司向银行借入200万元，期限为5年，每年年末需要向银行还本付息50万元，那么该项借款的利率为(　　)。[已知：(P/A,7%,5)=4.100,2，(P/A,8%,5)=3.992,7]

A.7.093%　　B.6.725%　　C.6.930%　　D.7.932%

二、计算题

某公司准备购买一套办公用房，有三种付款方案可供选择：

(1)甲方案：从现在起每年年初付款24万元，连续支付5年，共计120万元；

(2)乙方案：从第3年起，每年年初付款26万元，连续支付5年，共计130万元；

(3)丙方案：从现在起每年年末付款25万元，连续支付5年，共计125万元。

要求：假定该公司要求的投资报酬率为10%，通过计算说明应选择哪种方案。[已知：$(P/A,10\%,5)=3.790\ 8$，$(P/A,10\%,4)=3.169\ 9$，$(P/F,10\%,1)=0.909\ 1$]

第三节　风险与收益

关键知识点

一、资产收益与收益率

1.资产收益率的类型(见表1-2)

表1-2　资产收益率

	内容
实际收益率	已经实现或确定可以实现的事后收益率；存在通货膨胀时，还应当扣除通货膨胀率
预期收益率	也称"期望收益率"，是指在不确定的条件下，预测的某资产未来可能实现的收益率
必要收益率	也称"最低必要报酬率"或"最低要求的收益率"，是投资者对某资产合理要求的最低收益率 必要收益率＝无风险收益率＋风险收益率 ＝纯粹利率＋通货膨胀补贴＋风险收益率

2.三种收益率之间的关系

(1)实际收益率和预期收益率

实际收益率与预期收益率之间的偏离程度反映投资项目的风险水平。

(2)预期收益率和必要收益率

若预期收益率≥必要收益率，则投资项目具有财务可行性；

若预期收益率＜必要收益率，则投资项目不具有财务可行性。

二、单项资产的风险及其衡量

1.资产的风险及其衡量

资产的风险是指资产收益率的不确定性，其风险大小可用资产收益率的离散程度来衡量。资产收益率的离散程度，是指资产收益率的各种可能结果与预期收益率的偏差。一般说来，离散程度越大，风险越大；离散程度越小，风险越小。衡量离散程度的指标主要有收益率的方差、标准差和标准差率等。

2.资产风险衡量公式（见表 1-3）

表 1-3 资产风险衡量

指标	计算公式	项目	结论
期望值 E	i 为收益率 X 为各种可能的收益率	$E=\sum_{i=1}^{n}X_iP_i$	反映预计收益的平均化，不能直接用来衡量风险
方差 σ^2	$\sigma=\sum_{i=1}^{n}(X_i-E)^2\times P_i$	i 为收益率 X 为各种可能的收益率 P 为概率/权重 E 为期望收益率	期望收益率相同的情况下，方差越大，风险越大
标准离差 σ	$\sigma=\sqrt{\sum_{i=1}^{n}(X_i-E)^2\times P_i}$	i 为收益率 X 为各种可能的收益率 P 为概率/权重 E 为期望值	期望收益率相同的情况下，标准离差越大，风险越大
标准离差率 V	V 为标准离差 E 为期望收益率	$V=\frac{\sigma}{E}\times 100\%$	标准离差率越大，风险越大

三、证券资产组合的风险与收益

1.证券资产组合的预期收益率

证券资产组合的预期收益率是组合内各种资产收益率的加权平均数，其权数为各种资产在组合中的价值比例（而非资产的个数），即：

$$E(R_p)=\sum W_i\times E(R_i)$$

2.两种证券资产组合的风险衡量公式（见表 1-4）

表 1-4 两种证券资产组合风险衡量

指标	计算公式	项目
组合方差	$\sigma_p^2=w_1^2\sigma_1^2+w_2^2\sigma_2^2+2w_1w_2\rho_{1,2}\sigma_1\sigma_2$	w_i 为组合内产品 i 的投资比重 $\rho_{1,2}$ 为组合的相关系数
组合标准差	$\sigma=\sqrt{w_1^2\sigma_1^2+w_2^2\sigma_2^2+2w_1w_2\rho_{1,2}\sigma_1\sigma_2}$	w_i 为组合内产品 i 的投资比重 $\rho_{1,2}$ 为组合的相关系数

3.风险的种类(见表 1-5)

表 1-5 风险的种类

项目	内容	含义	要点阐释
风险类别	非系统风险	个别公司的特有事件造成的风险	它只影响一个或少数公司,不会对整个市场产生太大影响。由于非系统风险是个别公司或个别资产所特有的,因此也称“特殊风险”或“特有风险”。由于非系统风险可以通过资产组合分散掉,因此也称“可分散风险”
	系统风险	系统风险又被称为“市场风险”或“不可分散风险”,是影响所有资产的、不能通过资产组合来消除的风险	这部分风险是由那些影响整个市场的风险因素所引起的,这些因素包括宏观经济形势的变动、国家经济政策的变化、税制改革、企业会计准则改革、世界能源状况、政治因素等

4.贝塔系数(见表 1-6)

表 1-6 贝塔系数

资产的 β 系数		要点阐释
单项资产的 β 系数	含义	某资产的 β 系数表达的含义是该资产的系统风险相当于市场组合系统风险的倍数
	功能	不同资产的系统风险不同,为了对系统风险进行量化,用 β 系数衡量系统风险的大小
	经济含义	当 $\beta=1$ 时,表示该单项资产的收益率与市场平均收益率呈相同方向、相同比例的变化,其系统风险与市场组合的风险情况一致;如果 $\beta>1$,说明该单项资产的系统风险大于整个市场组合的风险;如果 $\beta<1$,说明该单项资产的系统风险小于整个市场组合的风险 绝大多数资产的 β 系数是大于零的,也就是说,它们收益率的变化方向与市场平均收益率的变化方向是一致的,只是变化幅度不同而导致 β 系数的不同;极个别资产的 β 系数是负数,表明这类资产与市场平均收益率的变化方向相反,当市场平均收益率增加时,这类资产的收益率却在减少

续表

资产的 β 系数		要点阐释
投资组合的 β 系数	含义	投资组合的 β 系数是所有单项资产 β 系数的加权平均数，权数为各种资产在投资组合中所占的价值比例
	功能	对于投资组合来说，其系统性风险程度也可以用 β 系数来衡量
	计算公式	$$\beta_p=\sum_{i=1}^{n}w_i\beta_i$$ 投资组合的 β 系数受到单项资产的 β 系数和各种资产在投资组合中所占比重两个因素的影响 或：$\beta_p=\dfrac{E(R_p)}{R_m-R_f}$ 该公式适用于在已知投资组合的风险收益率 $E(R_p)$、市场组合的平均收益率 R_m 和无风险收益率 R_f 的基础上，推导出特定投资组合的 β 系数
	调整	由于单项资产的 β 系数不尽相同，因此通过替换资产组合中的资产或改变不同资产在组合中的价值比例，可以改变资产组合的风险特性

四、资本资产定价模型的基本原理

(1)所谓“资本资产”，主要指的是股票资产，而“定价”其实确定的是股票资产的“收益率”，以试图解释资本市场如何决定股票收益率，进而决定股票价格。

(2)资本资产定价模型是“必要收益率＝无风险收益率＋风险收益率”的具体化，其表达式为：

$$R=R_f+\beta\times(R_m-R_f)$$

该式说明了必要收益率 R 是系统风险 β 的函数，即资本资产定价模型将风险与收益联系在了一起。

其中，

①R_f 表示无风险收益率，通常以短期国债利率来近似替代。

②$\beta\times(R_m-R_f)$ 表示风险收益率，分解来看：

a.R_m 表示市场组合收益率，通常用股票价格指数收益率的平均值或所有股票的平均收益率来代替；

b.R_m-R_f 表示市场风险溢酬或风险收益率或平均风险的风险收益率；

c.$\beta\times(R_m-R_f)$ 意味着某证券或证券组合的系统风险收益率是市场风险

溢酬的 β 倍。

另外，需要说明的是，在资本资产定价模型中，计算风险收益率时只考虑了系统风险，没有考虑非系统风险，这是因为非系统风险可以通过资产组合来分散或消除。

实训资料与要求

一、选择题

1.某企业在年初向银行借入 21 万元，期限为 5 年，每年等额还本付息的金额为 5 万元，已知 $(P/A,6\%,5)=4.2124$，$(P/A,7\%,5)=4.1002$，则银行向其提供的借款利率为(　　)。

A.6.11%　　B.7.38%　　C.6.85%　　D.5.92%

2.已知当前市场的纯粹利率为 1.8%，通货膨胀补偿率为 2%。若某证券资产要求的风险收益率为 6%，则该证券资产的必要收益率为(　　)。

A.9.8%　　B.7.8%　　C.8%　　D.9.6%

3.在投资报酬不确定的情况下，按照估计的各种可能收益水平及其发生概率计算的加权平均数是(　　)。

A.实际报酬率　　B.期望报酬率

C.必要报酬率　　D.无风险报酬率

4.某企业年初花 10,000 元购得 A 公司股票，假设持有期间未分配股利，预计股票价格为 11,000 元的概率是 50%，股票价格为 12,000 元的概率是 30%，股票价格为 9,000 元的概率是 20%，该企业的预期收益率是(　　)。

A.8%　　B.9%　　C.10%　　D.11%

5.甲持有一项投资，预计未来的收益率有两种可能，分别为 10%和 20%，概率分别为 70%和 30%，则该项投资的预期收益率为(　　)。

A.12.5%　　B.13%　　C.30%　　D.15%

6.下列指标中，可以用来衡量风险的有(　　)。

A.收益率的期望值　　B.收益率的方差

C.收益率的标准差　　D.收益率的标准离差率

7.某项目的期望投资收益率为 14%，风险收益率为 9%，收益率的标准差为 2%，则该项目收益率的标准差率为(　　)。

A.0.29%　　B.22.22%　　C.14.29%　　D.0.44%

8.当某上市公司的β系数大于0时，下列关于该公司风险与收益表述中，正确的是(　　)。

A.系统风险高于市场组合风险

B.资产收益率与市场平均收益率呈同向变化

C.资产收益率变动幅度小于市场平均收益率变动幅度

D.资产收益率变动幅度大于市场平均收益率变动幅度

9.如果某单项资产的系统风险大于整个市场投资组合的风险，则可以判定该项资产的β值(　　)。

A.等于1　　B.小于1　　C.大于1　　D.等于0

10.甲、乙两只股票组成投资组合，甲、乙两只股票的β系数分别为0.80和1.45，该组合中两只股票的投资比例分别为55%和45%，则该组合的β系数为(　　)。

A.1.22　　B.1.09　　C.1.26　　D.1.18

11.下列各项中，不能用于衡量风险的是(　　)。

A.贝塔系数　　B.期望值　　C.标准差率　　D.方差

12.下列有关两项资产构成的投资组合的表述中，不正确的有(　　)。

A.如果相关系数为+1，则投资组合的标准差等于两项资产标准差的算术平均数

B.如果相关系数为-1，则投资组合的标准差最小，甚至可能等于0

C.如果相关系数为0，则投资组合不能分散风险

D.只要相关系数小于1，则投资组合的标准差就一定小于单项资产标准差的加权平均数

13.下列各项中，属于非系统风险的有(　　)。

A.新产品开发失败风险　　B.诉讼失败风险

C.通货膨胀风险　　D.利率变动风险

14.关于风险，下列说法中正确的有(　　)。

A.风险是指收益的不确定性

B.风险是损失发生的可能性

C.资产的风险是资产收益率的不确定性

D.从财务管理的角度看，风险就是企业在各项生产活动过程中，由于各种难以预料或无法控制的因素作用，使企业的实际收益与预计收益发生背离，从而蒙受经济损失的可能性

二、计算题

1.资产组合 M 的期望收益率为 18%，标准差为 27.9%，资产组合 N 的期望收益率为 13%，标准差率为 1.2，投资者张某和赵某决定将其个人资产投资于资产组合 M 和 N 中，张某期望的最低收益率为 16%，赵某投资于资产组合 M 和 N 的资金比例分别为 30%和 70%。

要求：

(1)计算资产组合 M 的标准差率。

(2)判断资产组合 M 和 N 哪个风险更大。

(3)为实现期望收益率，张某应在资产组合 M 上投资的最低比例是多少。

(4)判断投资者张某和赵某谁更厌恶风险，并说明理由。

2.已知 A、B 两种证券构成证券投资组合。A 证券的预期收益率为 10%，方差是 0.0144，投资比重为 80%；B 证券的预期收益率为 18%，方差是 0.04，投资比重为 20%；A 证券收益率与 B 证券收益率的相关系数为 0.2。

要求：

(1)计算下列指标：

①该证券投资组合的预期收益率。

②A 证券的标准差。

③B 证券的标准差。

④该证券投资组合的标准差。

(2)当 A 证券与 B 证券的相关系数为 0.5 时，投资组合的标准差为 12.11%，结合(1)的计算结果回答以下问题：

①相关系数的大小对投资组合预期收益率有没有影响。

②相关系数的大小对投资组合风险有什么样的影响。

3.甲公司现有一笔闲置资金，拟投资于某证券组合，该组合由 X、Y、Z 三种股票构成，资金权重分别为 40%、30%和 30%，β 系数分别为 2.5、1.5 和 1，其中 X 股票投资收益率的概率分布如表 1-7 所示。

表 1-7　X 股票投资收益率

状况	概率	投资收益率
行情较好	30%	20%
行情一般	50%	12%

续表

状况	概率	投资收益率
行情较差	20%	5%

Y、Z 股票的预期收益率分别为 10%和 8%，当前无风险利率为 4%，市场组合的必要收益率为 9%。

要求：

(1)计算 X 股票的预期收益率。

(2)计算该证券组合的预期收益率。

(3)计算该证券组合的 β 系数。

(4)利用资本资产定价模型计算该证券组合的必要收益率，并据以判断该证券组合是否值得投资。

第二章　企业财务分析

实训目标

通过教学与实训操作，学生能够了解并熟练掌握水平分析法、垂直分析法、趋势分析法、比率分析法及因素分析法。

通过教学与实训操作，学生能够对公司偿债能力、营运能力、盈利能力及发展能力分析的目的及其影响因素有一定的了解，并熟悉公司营运能力、偿债能力、盈利能力及发展能力分析指标、评价方法及评价标准。

第一节　财务分析的基本方法

关键知识点

一、水平分析法

水平分析法是指把反映公司财务状况的信息（特别是报告中的数据）与公司过去或过去某一阶段的财务状况信息进行比较，以了解公司各项经营业绩或财务状况发展变动情况的一种财务分析方法。

水平分析法的一项重要内容就是对报表资料中不同时间内同一项目的报表数据进行比较。比较的方法有绝对值增减变动、增减变动率和变动比率值等三种方法，其计算公式分别为：

绝对值增减变动数量＝分析期某项指标实际数－基期同项指标实际数

$$变动率(\%)=\frac{绝对值变动数量}{基期实际数量}\times 100\%$$

$$变动比率值=\frac{分析期实际数值}{基期实际数值}$$

二、垂直分析法

与水平分析法相比，垂直分析法的基本点在于它并没有将公司报告期的分析数据直接与基期进行比较以确定其增减变动量与增减变动率，而是通过计算报表中各项目占总体的比重或结构，体现出它们之间的关系以及它们之间的变化。垂直分析法的基本程序如下：

第一，计算各项目的比重，其计算公式为：

$$某项目的比重=\frac{该项目金额}{各项目总金额}\times 100\%$$

第二，通过各项目的比重，分析各项目在企业经营中的重要性。通常项目比重越大，说明其重要性越高，对总体的影响越大。

第三，比较在分析阶段各个项目的比例和在前期的比例，并考察各个项目所占比例的变化。同时，还可以通过比较公司报告期内各项目的比例和同行业公司的可比项目比重，分析其与同行业公司的差异，并分析其所获成果和存在问题。

三、趋势分析法

趋势分析法是以公司连续几年或若干阶段的数据为基础，利用指数或完成比率来确定在某段时间内各个相关项目的变化及走势。趋势分析的基本方法如下：

第一，计算趋势比率或指数。

第二，通过对指数的测算，对各个指标的变化趋势和合理性进行评估与判定。

第三，预测未来的发展趋势。

四、比率分析法

在财务分析中，比率分析法是最基本和最重要的一种分析方法。比率分析法有三种类型：百分比法、比例法和分数法。比率分析法因其简单明了、可比性强而被普遍应用于实际财务分析中。

比率指标是衡量公司经济效率的重要指标，而经济效率则是其主要目标。从公司目标及财务目标的视角来看，反映公司经营业绩的比率分析指标主要有盈利能力指标、营运能力指标、偿债能力指标、发展能力指标。

在比率分析中，一般都会有不同的比较，例如时间序列比较、横向比较以及根据某些绝对标准的比较等。不同的对比方法在评估目标和功能上也不尽相同。在比率分析中，标准比率是最普遍的对比方法。

常用的标准比率有三种：算术平均法、综合报表法、中间值法。

五、因素分析法

因素分析法是根据分析的各项指标与其相关因素的相互关系，依据特定的程序和方法，确定各个因素对评价结果的不同影响程度。依据其分析特征，因素分析法可分成两类：连续替代法和差额计算法。

其中，采用连续替代法的步骤如下：第一，确定各评价指标与各因素的相关性；第二，将当期数据和基期数据结合起来，列出两种关系或指标体系，以确定分析对象；第三，采用连续序列置换法，求出替代结果；第四，通过对不同因素的不同替代结果进行对比，得出各个因素对评价指标的影响程度，并对其进行检验。在运用连续替代法时，要考虑因素分解的相关性问题、分析前提的假定性问题、因素替代的顺序性问题以及序列替代的连续性问题。

差额计算法是一种简单的连续替代法，同时也是一种因素分析法，其基本原则与连续替代法一样。不同之处是，差额计算法比连续替代法更简便，可以直接使用各个因素的实际数和基期数之间的差异，在其他因素不改变的前提下，计算各个因素对分析对象的影响程度。

案例演练

1.水平分析法与垂直分析法

A公司2021年度资产负债表（简表）见表2-1。

表 2-1　资产负债表

编制单位：A 公司　　　　2021 年 12 月 31 日　　　　单位：万元

资产	年末数	年初数	负债及所有者权益	年末数	年初数
流动资产	8,684	6,791	流动负债	5,850	4,140
			其中：应付账款	5,277	3,614
应收账款	4,071	3,144	长期负债	10,334	4,545
存货	3,025	2,178	其中：长期借款	7,779	2,382
固定资产原值	15,667	13,789	负债合计	16,184	8,685
固定资产净值	8,013	6,663	所有者权益	6,780	6,013
无形及递延资产	6,267	1,244	其中：实收资本	6,000	5,000
资产总计	22,964	14,698	负债及所有者权益总计	22,964	14,698

要求：

(1)对资产负债表进行水平分析与评价。

(2)对资产负债表进行垂直分析与评价。

答：

(1)根据表 2-1 编制 A 公司资产负债表水平分析表(见表 2-2)。

表 2-2　资产负债表水平分析表　　　　金额单位：万元

项目	年末数	年初数	变动量	变动率(%)
流动资产：				
应收账款	4,071	3,144	+927	+295
存货	3,025	2,178	+847	+38.9
流动资产合计	8,684	6,791	+1,893	+279
固定资产：				
固定资产原值	15,667	13,789	+1,878	+13.6
固定资产净值	8,013	6,663	+1,350	+20.3
无形及递延资产	6,267	1,244	+5,023	+403.8
资产总计	22,964	14,698	+8,266	+56.2
流动负债：				
应付账款	5,277	3,614	+1,663	+46.0
流动负债合计	5,850	4,140	+1,710	+41.3

续表

项目	年末数	年初数	变动量	变动率(%)
长期负债:				
长期借款	7,779	2,382	+5,397	+226.6
负债合计	16,184	8,685	+7,499	+86.3
所有者权益:				
实收资本	6,000	5,000	+1,000	+20.0
所有者权益合计	6,780	6,013	+767	+12.8
负债及所有者权益总计	22,964	14,698	+8,266	+56.2

根据财务报表的数据,A公司的总资产较2020年增长了8,266万元,同比增长56.2%。从占有形式上来看,资产增长的原因是无形及递延资产增多,应当予以关注;从来源看,是债务的增加,尤其是长期债务,较去年同期上升83.6%。股东的股本也较去年有所上升,以12.8%的速度上升。进一步分析资产、负债和所有者权益的内在关系,可以得到许多关于资产、负债和所有者权益变化的成因。

(2)根据表2-1、表2-2编制A公司的资产负债垂直分析表(见表2-3)。

表2-3 资产负债垂直分析表

项目	2021年(%)	2020年(%)
流动资产	37.8	46.2
固定资产	34.9	45.3
无形及递延资产	27.3	8.5
资产总计	100.0	100.0
应付账款	23.0	24.6
流动负债合计	25.5	28.2
长期借款	33.9	16.2
长期负债合计	45.0	31.0
负债合计	70.5	59.2
实收资本	26.1	34.0
所有者权益合计	29.5	40.8
负债及所有者权益总计	100.0	100.0

从表 2-3 中可看出，在 2021 年，A 公司的总资产组成为：72.7％为有形资产，27.3％为无形及递延资产。在有形资产中，固定资产和流动资产的比例大致相当。从股权结构来看，70％来自债务，30％来自股权，这个公司的债务比例很大，但还不是很高。比较上一年的结构状况可以发现：一是有形资产的比例有所降低，而无形及递延资产的比例显著增加；二是债务比例增加，股东权益比例降低，其中，长期借款快速增加是负债增长的主要原因。企业资产负债及所有者权益的变化是否合理，也要根据企业的经营特点和实际情况进行分析。

2.趋势分析法

A 公司 2017～2021 年有关营业收入、净利润、每股收益及每股股息资料见表 2-4。

表 2-4　财务指标表

	2021 年	2020 年	2019 年	2018 年	2017 年
营业收入（百万元）	71,514.52	71,136.85	49,417.68	29,418.22	22,383.42
净利润（百万元）	10,946.32	10,822.24	6,296.38	4,006.86	2,936.40
每股收益（元）	1.07	1.18	0.98	0.66	0.5
每股股息（元）	0.28	0.43	0.22	0.12	0.08

根据表 2-4 的资料，运用趋势分析法可得出趋势分析表（见表 2-5）。

表 2 5　趋势分析表

	2021 年	2020 年	2019 年	2018 年	2017 年
营业收入（％）	319.5	317.8	220.8	131.4	100.0
净利润（％）	372.8	368.6	214.4	136.5	100.0
每股收益（％）	214.0	236.0	196.0	132.0	100.0
每股股息（％）	350.0	537.5	275.0	150.0	100.0

从表 2-5 中可以看出，A 公司的营业收入和净利润在逐年增长，特别是 2020 年和 2021 年增长较快；每股收益和每股股息在 2019 年和 2020 年有较大幅度增长，在 2021 年有所下降，下降的原因为其非公开发行新增股份约 7.53 亿股。从总体状况看，企业自 2017 年以来，盈利呈现上升趋势，特别是在 2020 年、2021 年，所有的目标实现状况都较好；从各个指数的相关性来分析，每股股息的平均增幅是最大的，高于营业收入、净利润和每股收益的平均增幅。这些

年公司的发展态势表明,公司的运营和财务状况在持续改进,2022 年的状况也将会较好。

3.因素分析法

A 公司生产丙产品,其单位成本表(简表)见表 2-6。

表 2-6 丙产品 2021 年度单位成本表 金额单位:元

成本项目	上年度实际		本年度实际	
直接材料	86		89	
直接人工	20		27	
制造费用	24		17	
产品单位成本	130		133	
补充明细项目	单位用量	金额	单位用量	金额
直接材料:A	12	36	11	44
直接材料:B	10	50	10	45
直接人工工时	20		18	
产品销量	200		250	

要求:

(1)用连续替代法分析单耗和单价变动对单位材料成本的影响。

(2)用差额计算法分析单位工时和小时工资率变动对单位直接人工成本的影响。

答:

用连续替代法分析单耗和单价变动对单位材料成本的影响。

分析对象:

89－86＝3(元)

图素分析:

单耗变动影响＝(11－12)×3＝－3(元)

单价变动影响＝11×(4－3)＋10×(4.5－5)＝11－5＝6(元)

可见,丙产品单位原料成本的增加,是因为 A 原料的涨价比较大。事实上,A 物料单位消耗和 B 物料单位价格变化对物料的成本下降都有很大影响。

用差额计算法分析单位工时和小时工资率变动对单位直接人工成本的影响:

分析对象：

27－20＝7(元)

因素分析：

效率差异影响＝(18－20)×1＝－2(元)

工资差异影响＝18×(1.5－1)＝9(元)

因此，企业人力成本的增加，是由于单位时间工资比率的提高而导致的，而企业的生产效率却没有降低。效率的提升可以使每件产品的人工费用减少2元。

实训资料与要求

1.甲上市公司2019～2020年有关营业收入、净利润、每股收益如表2-7所示。

表2-7　水平分析表

项目	2020年	2019年	差异额	差异率
营业收入(百万元)	32,742.77	29,664.67		
净利润(百万元)	5,511.04	4,173.05		
每股收益	4.32	3.28		

要求：根据上述资料完成该公司的水平分析表。

2.表2-8是甲上市公司2019年及2020年的利润表。

表2-8　甲上市公司2019年及2020年利润表　　单位：元

项目	2020年度	2019年度
一、营业总收入		
其中：营业收入		
二、营业总成本		
减：营业成本		
税金及附加	164,628,219.49	143,646,204.75
销售费用		
管理费用	860,447,894.33	957,458,573.40
研发费用	181,082,459.62	173,887,854.07
财务费用	－231,945,727.56	－62,803,629.61

续表

项目	2020 年度	2019 年度
其中:利息费用	169,153,698.15	125,582,139.28
利息收入	419,112,255.11	249,053,463.07
加:其他收益	178,560,697.88	217,671,644.31
投资收益(损失以"—"号填列)	392,173,282.77	
其中:对联营企业和合营企业的投资收益	6,308,122.23	13,267,232.73
以摊余成本计量的金融资产终止确认收益		−2,121,791.71
公允价值变动收益(损失以"—"号填列)		226,835,564.21
信用减值损失(损失以"—"号填列)	−205,456,429.36	−88,199,318.42
资产减值损失(损失以"—"号填列)	−125,480,222.61	−200,978,910.75
资产处置收益(损失以"—"号填列)	14,195,251.06	12,357,042.96
三、营业利润(亏损以"—"号填列)		
加:营业外收入	8,419,140.17	12,321,522.73
减:营业外支出	19,286,621.31	29,111,024.43
四、利润总额(亏损总额以"—"号填列)		
减:所得税费用		553,136,699.13
五、净利润(净亏损以"—"号填列)		
(一)按经营持续性分类		
1.持续经营净利润(净亏损以"—"号填列)		
2.终止经营净利润(净亏损以"—"号填列)		
(二)按所有权归属分类		
1.归属于母公司股东的净利润		
2.少数股东损益	−5,035,957.79	−10,675,581.42
六、其他综合收益的税后净额	3,181,207.78	−4,082,642.52
归属母公司所有者的其他综合收益的税后净额	3,211,105.79	−4,093,473.17
归属于少数股东的其他综合收益的税后净额	−29,898.01	10,830.65

续表

项目	2020 年度	2019 年度
七、综合收益总额		
归属于母公司所有者的综合收益总额		
归属于少数股东的综合收益总额	−5,065,855.80	−10,664,750.77
八、每股收益		
(一)基本每股收益	4.32	3.28
(二)稀释每股收益	4.31	3.28

要求:

(1)根据资料完成表 2-9 甲上市公司利润水平分析表。

(2)对该公司利润变动情况进行评价。

表 2-9 甲上市公司 2019 年及 2020 年利润水平分析表 单位:元

项目	2020 年度	2019 年度	变动额	变动率
一、营业总收入	32,742,766,763.79	29,664,673,868.68		
其中:营业收入	32,742,766,763.79	29,664,673,868.68		
二、营业总成本	28,425,124,997.72	26,559,856,210.51		
减:营业成本	23,655,878,134.56	21,191,364,351.40		
税金及附加	164,628,219.49	143,646,204.75		
销售费用	3,795,034,017.28	4,156,302,856.50		
管理费用	860,447,894.33	957,458,573.40		
研发费用	181,082,459.62	173,887,854.07		
财务费用	−231,945,727.56	−62,803,629.61		
其中:利息费用	169,153,698.15	125,582,139.28		
利息收入	419,112,255.11	249,053,463.07		
加:其他收益	178,560,697.88	217,671,644.31		
投资收益(损失以"—"号填列)	392,173,282.77	1,470,474,492.25		
其中:对联营企业和合营企业的投资收益	6,308,122.23	13,267,232.73		

续表

项目	2020年度	2019年度	变动额	变动率
以摊余成本计量的金融资产终止确认收益		－2,121,791.71		
公允价值变动收益(损失以“－”号填列)	2,240,368,643.38	226,835,564.21		
信用减值损失(损失以“－”号填列)	－205,456,429.36	－88,199,318.42		
资产减值损失(损失以“－”号填列)	－125,480,222.61	－200,978,910.75		
资产处置收益(损失以“－”号填列)	14,195,251.06	12,357,042.96		
三、营业利润(亏损以“－”号填列)	6,812,002,989.19	4,742,978,172.73		
加:营业外收入	8,419,140.17	12,321,522.73		
减:营业外支出	19,286,621.31	29,111,024.43		
四、利润总额(亏损总额以“－”号填列)	6,801,135,508.05	4,726,188,671.03		
减:所得税费用	1,290,099,287.03	553,136,699.13		
五、净利润(净亏损以“－”号填列)	5,511,036,221.02	4,173,051,971.90		
(一)按经营持续性分类				
1.持续经营净利润(净亏损以“－”号填列)	5,511,036,221.02	4,173,051,971.90		
2.终止经营净利润(净亏损以“－”号填列)				
(二)按所有权归属分类				
1.归属于母公司股东的净利润	5,516,072,178.81	4,183,727,553.32		
2.少数股东损益	－5,035,957.79	－10,675,581.42		

续表

项目	2020 年度	2019 年度	变动额	变动率
六、其他综合收益的税后净额	3,181,207.78	—4,082,642.52		
归属母公司所有者的其他综合收益的税后净额	3,211,105.79	—4,093,473.17		
归属于少数股东的其他综合收益的税后净额	—29,898.01	10,830.65		
七、综合收益总额	5,514,217,428.80	4,168,969,329.38		
归属于母公司所有者的综合收益总额	5,519,283,284.60	4,179,634,080.15		
归属于少数股东的综合收益总额	—5,065,855.80	—10,664,750.77		
八、每股收益				
(一)基本每股收益	4.32	3.28		
(二)稀释每股收益	4.31	3.28		

3.甲上市公司 2020 年及 2019 年利润简表如 2-10 所示。

表 2-10　甲上市公司 2020 年及 2019 年利润简表　　单位:元

项目	2020 年	2019 年
营业收入	32,742,766,763.79	29,664,673,868.68
营业成本	23,655,878,134.56	21,191,364,351.40
营业毛利		
净利润	5,511,036,221.02	4,173,051,971.90

要求:完成表 2-11 甲上市公司 2020 年及 2019 年利润垂直分析表,对其变动情况作简要分析。

表 2-11　甲上市公司 2020 年及 2019 年利润垂直分析表　　金额单位:元

项目	2020 年	2019 年	2020 年(%)	2019 年(%)
营业收入	32,742,766,763.79	29,664,673,868.68		
营业成本	23,655,878,134.56	21,191,364,351.40		
营业毛利				
净利润	5,511,036,221.02	4,173,051,971.90		

4.甲上市公司 2020 年度资产负债表(简表)见表 2-12。

表 2-12　资产负债表

编制单位:甲上市公司　　2020 年 12 月 31 日　　单位:元

项目	2020 年 12 月 31 日	2019 年 12 月 31 日
货币资金	15,279,726,658.64	12,994,207,213.17
交易性金融资产	11,228,743,395.18	8,821,143,917.42
应收票据	3,027,432,887.80	1,807,934,520.01
应收账款	3,554,161,411.16	2,037,970,725.32
应收款项融资	1,745,893,730.10	1,756,339,025.42
预付款项	465,297,056.14	577,521,185.51
其他应收款	287,694,256.58	399,145,021.57
存货	10,990,346,685.44	11,746,860,527.37
其他流动资产	2,681,584,113.40	4,560,245,449.01
流动资产合计	49,260,880,194.44	44,701,367,584.80
长期股权投资	328,949,213.47	317,459,883.46
其他非流动金融资产	963,224,648.53	559,593,307.27
投资性房地产	547,962.81	664,015.52
固定资产	3,096,791,709.20	2,008,669,933.18
在建工程	387,122,275.71	970,290,260.10
生产性生物资产	1,504,125.00	1,676,025.00
无形资产	535,125,698.49	538,384,578.65
商誉	33,303,960.23	33,303,960.23

续表

项目	2020年12月31日	2019年12月31日
长期待摊费用	36,111,192.99	45,386,625.33
递延所得税资产	532,664,553.03	422,354,821.43
其他非流动资产	43,222,709.10	58,898,123.86
非流动资产合计	5,958,568,048.56	4,956,681,534.03
资产总计	55,219,448,243.00	49,658,049,118.83
短期借款	1,965,443,134.17	
应付票据	1,678,687,548.75	1,653,405,860.53
应付账款	4,636,890,964.95	4,590,527,407.42
预收款项	1,883,474.95	1,166,336,746.83
合同负债	2,076,079,331.31	
应付职工薪酬	735,837,076.80	455,131,481.05
应交税费	790,411,608.98	292,923,160.12
其他应付款	2,585,252,684.20	1,376,254,426.65
其中:应付利息	439,125.00	312,000.00
应付股利	86,490,742.04	86,490,742.04
一年内到期的非流动负债	917,928,974.00	
其他流动负债	248,162,846.49	80,000,000.00
流动负债合计	15,636,577,644.60	9,614,579,082.60
长期借款	36,600,000.00	3,600,000.00
应付债券		912,928,974.00
长期应付款	656,157,151.25	661,012,380.98
长期应付职工薪酬	4,892,497.07	5,374,509.42
预计负债	4,796,514.18	
递延收益	234,518,419.30	225,043,669.11
递延所得税负债	299,954,050.76	133,671,111.43
其他非流动负债	1,931,554.36	1,931,554.36
非流动负债合计	1,238,850,186.92	1,943,562,199.30
负债合计	16,875,427,831.52	11,558,141,281.90

续表

项目	2020 年 12 月 31 日	2019 年 12 月 31 日
股本	1,277,403,317.00	1,277,403,317.00
资本公积	17,655,344,607.55	17,420,060,412.06
减:库存股	1,807,904,769.04	
其他综合收益	71,232.39	－3,139,873.40
盈余公积	2,086,406,807.76	1,412,582,111.45
未分配利润	18,841,228,817.39	17,831,191,285.89
归属于母公司所有者权益合计	38,052,550,013.05	37,938,097,253.00
少数股东权益	291,470,398.43	161,810,583.93
所有者权益合计	38,344,020,411.48	38,099,907,836.93
负债和所有者权益总计	55,219,448,243.00	49,658,049,118.83

要求：

(1)根据上述资料完成表 2-13 甲上市公司资产负债表水平分析表并对其进行简要评价。

表 2-13　甲上市公司资产负债表水平分析表　金额单位:元

项目	2020 年 12 月 31 日	2019 年 12 月 31 日	变动情况		对总额的影响(%)
			变动额	变动(%)	
货币资金	15,279,726,658.64	12,994,207,213.17			
交易性金融资产	11,228,743,395.18	8,821,143,917.42			
应收票据	3,027,432,887.80	1,807,934,520.01			
应收账款	3,554,161,411.16	2,037,970,725.32			
应收款项融资	1,745,893,730.10	1,756,339,025.42			
预付款项	465,297,056.14	577,521,185.51			
其他应收款	287,694,256.58	399,145,021.57			
存货	10,990,346,685.44	11,746,860,527.37			
其他流动资产	2,681,584,113.40	4,560,245,449.01			
流动资产合计	49,260,880,194.44	44,701,367,584.80			
长期股权投资	328,949,213.47	317,459,883.46			

续表

项目	2020 年 12 月 31 日	2019 年 12 月 31 日	变动情况		对总额的影响(%)
			变动额	变动(%)	
其他非流动金融资产	963,224,648.53	559,593,307.27			
投资性房地产	547,962.81	664,015.52			
固定资产	3,096,791,709.20	2,008,669,933.18			
在建工程	387,122,275.71	970,290,260.10			
生产性生物资产	1,504,125.00	1,676,025.00			
无形资产	535,125,698.49	538,384,578.65			
商誉	33,303,960.23	33,303,960.23			
长期待摊费用	36,111,192.99	45,386,625.33			
递延所得税资产	532,664,553.03	422,354,821.43			
其他非流动资产	43,222,709.10	58,898,123.86			
非流动资产合计	5,958,568,048.56	4,956,681,534.03			
资产总计	55,219,448,243.00	49,658,049,118.83			
短期借款	1,965,443,134.17				
应付票据	1,678,687,548.75	1,653,405,860.53			
应付账款	4,636,890,964.95	4,590,527,407.42			
预收款项	1,883,474.95	1,166,336,746.83			
合同负债	2,076,079,331.31				
应付职工薪酬	735,837,076.80	455,131,481.05			
应交税费	790,411,608.98	292,923,160.12			
其他应付款	2,585,252,684.20	1,376,254,426.65			
其中:应付利息	439,125.00	312,000.00			
应付股利	86,490,742.04	86,490,742.04			
一年内到期的非流动负债	917,928,974.00				
其他流动负债	248,162,846.49	80,000,000.00			
流动负债合计	15,636,577,644.60	9,614,579,082.60			

续表

项目	2020年12月31日	2019年12月31日	变动情况		对总额的影响(%)
			变动额	变动(%)	
长期借款	36,600,000.00	3,600,000.00			
应付债券		912,928,974.00			
长期应付款	656,157,151.25	661,012,380.98			
长期应付职工薪酬	4,892,497.07	5,374,509.42			
预计负债	4,796,514.18				
递延收益	234,518,419.30	225,043,669.11			
递延所得税负债	299,954,050.76	133,671,111.43			
其他非流动负债	1,931,554.36	1,931,554.36			
非流动负债合计	1,238,850,186.92	1,943,562,199.30			
负债合计	16,875,427,831.52	11,558,141,281.90			
股本	1,277,403,317.00	1,277,403,317.00			
资本公积	17,655,344,607.55	17,420,060,412.06			
减:库存股	1,807,904,769.04				
其他综合收益	71,232.39	−3,139,873.40			
盈余公积	2,086,406,807.76	1,412,582,111.45			
未分配利润	18,841,228,817.39	17,831,191,285.89			
归属于母公司所有者权益合计	38,052,550,013.05	37,938,097,253.00			
少数股东权益	291,470,398.43	161,810,583.93			
所有者权益合计	38,344,020,411.48	38,099,907,836.93			
负债和所有者权益总计	55,219,448,243.00	49,658,049,118.83			

（2）根据上述资料完成表2-14甲上市公司资产负债表垂直分析表并对其进行简要评价。

表2-14　甲上市公司资产负债表垂直分析表

项目	2020年12月31日	2019年12月31日	2020年（%）	2019年（%）	变动情况（%）
货币资金	15,279,726,658.64	12,994,207,213.17			
交易性金融资产	11,228,743,395.18	8,821,143,917.42			
应收票据	3,027,432,887.80	1,807,934,520.01			
应收账款	3,554,161,411.16	2,037,970,725.32			
应收款项融资	1,745,893,730.10	1,756,339,025.42			
预付款项	465,297,056.14	577,521,185.51			
其他应收款	287,694,256.58	399,145,021.57			
存货	10,990,346,685.44	11,746,860,527.37			
其他流动资产	2,681,584,113.40	4,560,245,449.01			
流动资产合计	49,260,880,194.44	44,701,367,584.80			
长期股权投资	328,949,213.47	317,459,883.46			
其他非流动金融资产	963,224,648.53	559,593,307.27			
投资性房地产	547,962.81	664,015.52			
固定资产	3,096,791,709.20	2,008,669,933.18			
在建工程	387,122,275.71	970,290,260.10			
生产性生物资产	1,504,125.00	1,676,025.00			
无形资产	535,125,698.49	538,384,578.65			
商誉	33,303,960.23	33,303,960.23			
长期待摊费用	36,111,192.99	45,386,625.33			
递延所得税资产	532,664,553.03	422,354,821.43			
其他非流动资产	43,222,709.10	58,898,123.86			
非流动资产合计	5,958,568,048.56	4,956,681,534.03			
资产总计	55,219,448,243.00	49,658,049,118.83			
短期借款	1,965,443,134.17				
应付票据	1,678,687,548.75	1,653,405,860.53			

续表

项目	2020年12月31日	2019年12月31日	2020年（%）	2019年（%）	变动情况（%）
应付账款	4,636,890,964.95	4,590,527,407.42			
预收款项	1,883,474.95	1,166,336,746.83			
合同负债	2,076,079,331.31				
应付职工薪酬	735,837,076.80	455,131,481.05			
应交税费	790,411,608.98	292,923,160.12			
其他应付款	2,585,252,684.20	1,376,254,426.65			
其中:应付利息	439,125.00	312,000.00			
应付股利	86,490,742.04	86,490,742.04			
一年内到期的非流动负债	917,928,974.00				
其他流动负债	248,162,846.49	80,000,000.00			
流动负债合计	15,636,577,644.60	9,614,579,082.60			
长期借款	36,600,000.00	3,600,000.00			
应付债券		912,928,974.00			
长期应付款	656,157,151.25	661,012,380.98			
长期应付职工薪酬	4,892,497.07	5,374,509.42			
预计负债	4,796,514.18				
递延收益	234,518,419.30	225,043,669.11			
递延所得税负债	299,954,050.76	133,671,111.43			
其他非流动负债	1,931,554.36	1,931,554.36			
非流动负债合计	1,238,850,186.92	1,943,562,199.30			
负债合计	16,875,427,831.52	11,558,141,281.90			
股本	1,277,403,317.00	1,277,403,317.00			
资本公积	17,655,344,607.55	17,420,060,412.06			
减:库存股	1,807,904,769.04				
其他综合收益	71,232.39	−3,139,873.40			
盈余公积	2,086,406,807.76	1,412,582,111.45			

续表

项目	2020年12月31日	2019年12月31日	2020年（%）	2019年（%）	变动情况（%）
未分配利润	18,841,228,817.39	17,831,191,285.89			
归属于母公司所有者权益合计	38,052,550,013.05	37,938,097,253.00			
少数股东权益	291,470,398.43	161,810,583.93			
所有者权益合计	38,344,020,411.48	38,099,907,836.93			
负债和所有者权益总计	55,219,448,243.00	49,658,049,118.83			

5.甲上市公司2016～2020年有关营业收入、利润总额、净利润及每股收益资料见表2-15。

表2-15　甲上市公司2016～2020年财务指标表　　单位：元

	2020年	2019年	2018年	2017年	2016年
营业收入	32,742,766,763.79	29,664,673,868.68	27,016,914,505.41	24,314,614,044.21	22,410,654,404.31
利润总额	6,801,135,508.05	4,726,188,671.03	3,696,730,937.97	3,621,847,527.72	3,397,505,449.53
净利润	5,511,036,221.02	4,173,051,971.90	3,480,412,322.57	3,132,534,170.45	2,930,889,603.08
每股收益	4.32	3.28	2.74	3.02	2.80

要求：根据上述资料，运用趋势分析法完成表2-16该公司趋势分析表，并作简要分析。

表2-16　甲上市公司2016～2020年趋势分析表

	2020年	2019年	2018年	2017年	2016年
营业收入（%）					
利润总额（%）					
净利润（%）					
每股收益（%）					

6.某行业15家企业2020年的流动资产、流动负债及流动比率资料见表2-17。

表 2-17 某行业 15 家企业的流动资产、流动负债及流动比率资料

企业名称	流动资产(元)	流动负债(元)	流动比率(%)
NO1	1,903,919.43	2,191,611.40	0.87
NO2	1,321,935.97	922,044.99	1.43
NO3	1,014,078.72	1,109,048.76	0.91
NO4	387,712.53	201,193.79	1.93
NO5	7,084,762.40	6,395,992.00	1.11
NO6	3,229,002,742.45	1,249,842,566.90	2.58
NO7	1,715,414,644.45	1,473,767,272.69	1.16
NO8	18,344,083,672.91	13,989,727,290.96	1.31
NO9	591,870,296.06	461,370,611.27	1.28
NO10	12,046,039,882.00	8,884,672,627.51	1.36
NO11	16,458,388,526.75	13,659,127,103.29	1.20
NO12	10,748,360.60	12,460,172.70	0.86
NO13	1,352,725,838.02	403,982,726.37	3.35
NO14	1,140,104,707.96	1,120,912,745.35	1.02
NO15	1,176,566,421.12	893,403,837.48	1.32

要求:分别采用算术平均法、综合报表法及中位数法计算确定该行业流动比率的标准比率。

7.某公司 2019 年和 2020 年有关总资产产值率、产品销售率、销售利润率与总资产报酬率的资料见表 2-18。

表 2-18 某公司 2019～2020 年财务指标表

指标	2020 年	2019 年
总资产产值率(%)	70	73
产品销售率(%)	89	84
销售利润率(%)	40	37
总资产报酬率(%)	24.92	22.69

要求:运用连续替代法分析各因素变动对总资产报酬率的影响程度。

8.某企业有关产量及成本的资料见 2-19。

表 2-19　产量及成本资料表

项目	2020 年	2019 年
产品产量(件)	14,000	10,000
单位变动成本(元)	120	130
固定成本(元)	110,000	120,000
产品总成本(元)	1,790,000	1,420,000

要求:根据上述资料,运用差额计算法分析确定各因素变动对产品总成本的影响程度。

第二节　财务效率分析

关键知识点

一、偿债能力分析

1.偿债能力分析的目的

从静态上讲,公司的偿债能力是指用公司的资产偿还负债的能力;从动态学的视角来解释,即用公司的资产和运营所产生的利润来偿还负债。企业是否有足够的资金偿付能力是公司是否能够持续发展的重要因素。公司的偿债能力分析是公司财务分析的主要内容之一。根据债务偿还期限的长短,公司债务可以划分为短期债务和长期债务。在这些指标中,流动偿债能力体现了公司的短期偿债能力,而长期负债偿付能力则体现了公司的长期偿债能力。

从公司的债务偿还情况可以了解公司的财务情况。一个公司的财务情况可以从对其有关的偿债能力指标的剖析中得到反映,而其是否能够按时偿付,也就是偿债能力的强弱,是反映公司财务状况的一个主要财务指标。分析公司的偿债能力,能够预警公司所面临的财务风险。公司的财务风险和债务有很大关系。债务不仅要按时偿付,而且要偿付利息,即公司一旦借款,便会面临时无法按期偿付的问题,而这种问题正是财务风险的本质。此外,公司的债务比例愈高,其未来无法偿付的概率愈高,公司面临的财务风险也愈大。当公司拥有充足的资金和可变现的资产时,它的偿债能力就会提高,而且财务风险也会相应降低。

通过分析偿债能力，可以对公司融资的前景进行预测。公司的生产和运营所需的资金一般都是通过多种途径来筹集。公司的债务偿还能力越高，公司的财务情况越好、信用越好，那么，债权人愿意把资金借给公司。而当公司的债务偿还能力不强时，如果公司不愿意付出高昂的成本融资，就难以筹集到足够的资金用以生产经营。在这种情况下，公司将面临更大的财务风险。

企业的债务偿还能力是众多利益相关者所关注的一个重大问题，包括企业经营者、投资人和债权人。从各个方面看，其分析目的也不尽一致。比如，投资人对公司利润的关注程度较高。但他们相信，如果公司的财务情况好、偿还债务能力强，对公司的获利也会有所帮助。所以，他们也会把注意力集中在公司的债务偿还上。在投资人看来，一旦公司的负债能力发生问题，就会使其管理者耗费巨大的精力来筹集资金以偿付负债从而加大融资的困难；临时应急融资的成本提高也会使得公司管理层难以集中精力进行经营，进而会对公司的利润产生不利的影响，同时对投资人的权益带来不利的影响。债权人通过对公司债务进行评估，以确保其资产的安全性，从而作出合理的借贷决定。而债权人则更多地从自身的实际情况考虑其债务偿还的能力，当公司具有足够的偿付能力时，就可以保证其债权的安全和按时获得利息。商品和劳务提供者是以信用方式向公司提供商品或劳务的单位和人员。他们最担心的是能否可以迅速安全地收回资金，所以，必须对公司是否能够按时付款或提供劳务进行评估。可见，公司的债务偿还问题既是公司自身所要考虑的问题，也是各利益相关方都十分关切的问题。从公司的资金来源、使用情况、资金构成等方面进行分析，并结合以往的利润状况和未来的利润状况，可以大体预测公司偿债能力。

从公司的视角来看，分析偿债能力的目的有以下几点：首先，对公司的财务状况进行全面的了解。其次，了解公司在财务危机中的承受能力。如果公司借款，那么就有很大的概率无法及时偿还，这就是财务危机的本质。此外，公司的负债比例愈高，其所欠之债务愈多，则无法按期偿还债务的可能性越大，公司之财务风险愈大。再次，对公司融资的发展趋势进行预测。在公司的债务偿还能力良好的情况下，公司的财务状况会更好；信用越好，债权人越乐意把资金借给公司。如果不这样，债权人就不会把资金借给公司。所以，在公司偿债能力较弱的情况下，融资的前途并不明朗或者面临着更大的财务风险。最后，对公司开展各类财务业务具有一定的借鉴作用。

2.短期偿债能力

(1)影响短期偿债能力的因素

短期债务偿还能力的强弱直接关系到公司的生产、运营和财务状况。从公司短期债务偿还能力对企业的影响可以看到,对其偿债能力进行分析和研究是非常必要的。通过分析公司短期债务融资状况,可以有效地分析短期债务偿还情况,进而改善其短期的债务偿还能力。从整体上看,影响短期债务偿还能力的主要因素有内部因素与外部因素。内部因素主要有企业经营业绩、资产结构、流动负债的规模下结构、公司财务状况和融资能力。外部因素主要有宏观经济形势、证券市场发展和健全程度以及银行信用制度等方面。

公司的经营绩效是其最基本的因素。企业的经营状况越好,获得的收益也就越大,而获得的利益就会变成增加企业资金、提高偿债能力的重要保障,企业就会有持续而稳定的资金来源,从而保证了公司的利益。反之,若公司的经营表现不理想,必然导致公司的财务状况出现问题,造成资金流动困难。公司的信用状况会使其在短期内难以进行融资,从而造成资金短缺,进而对公司的短期债务如期偿还产生不利的作用。

在公司的资本构成中,如果公司拥有大量的流动资产,那么公司的短期债务偿还能力就会比较强;但是,如果公司的内部结构不够完善,那么它的实际债务偿还能力将会下降。流动资产中应收账款和存货的周转速率是衡量公司财务状况的一个辅助因素。

公司的流动债务必须用现金偿还,并且要用现金偿付全部的流动负债,这对公司的流动性有更高的要求;只有具备充足的资金,公司的偿债能力才会得到保障。如果公司的流动负债中有大量的担保,那么一定会给公司带来更大的短期偿付负担。

若公司与银行等金融组织建立了较好的信贷关系,就可以在任何时候都及时地筹措到所需要的资金,在各项偿债能力指标不高的情况下,仍可按时偿还贷款并支付利息。公司的短期负债通常以现金偿付,所以,现金流量对公司的短期负债有很大影响。

宏观环境对公司的短期债务偿还能力起着至关重要的作用。一个国家的经济持续稳步发展,其有效的社会需求也就相应地稳步增加。产品销路好,公司的资金储备也可以很方便地转换成现金,这样就可以提升公司的短期偿债能力。

在公司的流动资产中,总会包含一定比例的有价证券。在证券交易市场完善的情况下，公司可以将其所持的有价证券转化成现金，从而对公司的短期债务偿还能力产生一定的冲击，尤其是在公司将有价证券作为资金调度工具的情况下。此时，证券市场的发展与成熟将会对公司的短期债务偿还能力产生更大的冲击。

一个公司，只要其生产的产品符合国家的需要，并且发展的方向是符合国家政策的，就可以更方便地从银行贷款，从而可以增强其还本付息的能力。另外，如果政府实行了更宽松的信贷政策，那么公司就可以更方便地获得银行的贷款，以增加其实际债务偿还能力。

(2)短期偿债能力静态分析指标、评估方法及评价标准

流动比率指的是流动资产与流动负债之比，用以度量公司在短期债务期满之前能够转换成现金来支付其负债的能力。通常，这个比例愈高，说明公司的资金流动状况愈好，其短期负债偿还能力愈强，反之则愈弱。通常的观点是，流动比率应该大于 2∶1。比率等于 2∶1，说明流动资产是流动负债的两倍，即便有半数的流动资产在短期无法变现，也可以确保所有的流动负债得以清偿。流动比率的公式如下：

$$流动比率=\frac{流动资产}{流动负债}$$

速动比率，亦称为“酸性测验比率”，是流动资产与流动负债之间的比例。这是一种度量公司能够立刻转换成现金来偿付流动债务的能力。速动资产包括货币资金、短期投资、应收票据、应收账款等，可在短期变现。而在流动资产中，存货、一年以内的非流动资产和其他流动资产不能列入其中。

指标愈高，说明公司偿付流动负债的能力愈强(通常维持在 1 以上)，说明公司已具备良好的偿付能力，并且拥有一个合理的流动资产结构。实际上普遍接受的标准比率为 1，而我国的最佳比例是 0.9。速动比率的公式如下：

$$速动比率=\frac{速动资产}{流动负债}$$

其中：

$$速动资产=流动资产-存货-预付账款$$

或：

$$\begin{aligned}速动资产=&货币资金+以公允价值计量且其变动计入当期损益的金融资产\\&+应收票据+应收账款+应收利息+应收股利+其他应收款\end{aligned}$$

现金比率又称为“流动资产比率”或“现金资产比率”。现金比率是指公司

现金类资产与流动负债之比。现金类资产包括库存现金、可随时用于付款的现金及现金等价物。这个指标可反映公司即时兑现的能力，即公司能够即时支付其所欠的到期债务的能力。对于商业银行而言，现金比率是指在商业银行中，现金占活期存款的比率，又称“现金漏损率”或“提现率”。现金比率的公式如下：

$$现金比率=\frac{货币资金+有价证券}{流动负债}$$

在采用这些指标进行评估时，可以采用水平分析、趋势分析等多种方法，并与一些准则相配合，作出较为科学的评估。

对财务分析的评估标准有公认标准、历史标准、行业标准、目标标准等，在进行财务分析时，要根据企业的具体特征进行准确的评估，不要以机械性的标准来判断是否与实际相符。

(3)关于短期偿债的特定问题的探讨

在对企业进行短期偿债能力的评价时，不应仅仅根据某个指数进行单独的评价，而应根据目标和需求，并根据企业自身的具体条件将各种因素综合起来考虑，从而得出正确的结论。

在实际运用中，要特别指出：①指标是时点的，要与时期数相联系，进行适当的评估；②指标数据来自报表，其真实性和可靠性直接影响到评估的质量；③要根据公司在各个阶段的经营性质和特征，并根据公司的流动资产的构成情况来进行分析；④要关注人为因素调整。

(4)流动比率、速动比率、现金比率之间的相互联系

流动比率、速动比率、现金比率是衡量公司的短期偿债能力的重要指标，它们具有同样的分母，但其分子的口径和范围却不尽一致。这三个指标的不同之处有以下几点。

一是流动比率是将所有的流动资产用作偿还流动债务的依据，并以其流量的大小来衡量。这包含了变现能力低的存货和较难兑现的预付款项。若存货中存在大量积压物资，则会产生短期偿债能力强的错觉。

二是速动比率是指在资产负债表中，流动资产中变现能力低的存货和预付账款作为偿付流动负债的基础，从而弥补了流动比率的缺陷。

三是现金比率以现金资产作为清偿短期债务的主要基础，但由于现金的持有量过高，会对公司的资本使用效率产生不利的作用，所以该比率不能太高。因此，这个指标相对于流动比率和速动比率来说，影响力是很小的。

(5)短期偿债能力动态分析的意义

公司的偿债能力实质上是用来度量公司是否能够按时偿付其所欠的债务，但是在确定其短期偿债能力的静态指标中所使用的流动负债，是公司在某个时间点上的负债；该指标仅显示了公司在此时尚需支付的流动性负债的数额，并非指那些已过期或必须在此时间点上偿付的数额。公司的偿债是一种动态的行为，它的偿债能力应当是将来一定时间内的还款能力。在特定的负债期限内，公司可以将现有的可变现资产变卖或用在到期之前得到的资金来偿付。所以，要从动态性角度来研究公司的短期偿债能力。

(6)短期偿债能力的动态指标

现金流量比率是衡量企业短期偿债能力的重要动态指标，其公式为：

$$\text{现金流量比率}=\frac{\text{经营活动现金流量净额}}{\text{平均流动负债}}$$

经营现金流量净额是偿还公司到期债务的主要资金来源，用以反映公司营运活动所带来的现金能补偿流动负债。现金流量比率愈高，则公司财务弹性愈强。不同的行业(服务型和生产型)业务类型的差异导致了其经营活动产生的净现金流差异很大，因而对于不同的行业类型的公司，这一比例差异很大。

透过现金流量比率的分析，可以了解维持公司运作、维持公司发展所必需的大量资金的来源，用以判断公司的财务状况是否良好、运作是否正常。通常，公司的资金流入主要来自公司的运营，包括收回投资、发放股利和银行借款、发行债券等；以对外出资等方式获取的资金为主，是较为合理的结构。若指标值为1或更高，则表明公司拥有充足的资金来支付其短期负债；若此指标值低于1，则说明公司的营运资金无法偿付其短期负债，故需通过融资或变卖资产的方式来偿付。

度量企业支付能力的科学方法是用一个特定的时间节点的付款能力和近期支付能力系数来度量。支付能力指数稍高于1为佳，低于1表示付款能力差，甚至连还债的能力都没有。

按不同时期不同的付款能力，可以把付款能力指标划分成两类：期末支付能力系数和近期支付能力系数，公式如下：

$$\text{期末支付能力系数}=\frac{\text{货币资金}}{\text{急需支付款项}}\times 100\%$$

其中，急需支付款项有逾期预算款项、逾期银行贷款以及逾期应付账款等。

$$\text{近期支付能力系数}=\frac{\text{近期内能够用来支付的资金}}{\text{近期内需要支付的各种款项}}\times 100\%$$

其中，近期内能够用来支付的资金包括企业现有的货币资金、近期内能取得的营业收入、近期内确有把握收回的各种应收款项等。近期内需要支付的各种款项有应付职工工资、应付账款、银行借款、税金、应付利润等。

公司的偿债能力反映了公司的现流动资金周转情况和财务状况。公司的偿付能力很强，反映大量的货币资金积压，无法有效地利用其流动功能，支付能力不强，这不仅会导致公司的流动资金出现问题，而且会对公司的声誉产生不利的影响，甚至会威胁到公司的生存和发展。

速动资产够用天数是指公司目前拥有的速动资产能够支撑公司的日常经营活动所需的时间。在确定公司是否能够应付每日运营开支时，速动资产够用天数是一个保障。它是指公司能够在不损害其每日付款的情况下，将其一部分速动资产用于偿还其短期债务。若公司速动资产够用天数较高，则表示公司的短期债务偿还能力较高，同时也反映了公司自身良好的自保能力。速动资产够用天数公式如下：

$$速动资产够用天数=\frac{速动资产}{预计每天营业所需的现金支出}$$

现金到期债务比率是指一个公司在某一段时间内经营活动产生的现金流量和负债之间的比值。这个指数愈大（或大于 1），则说明公司运营活动所带来的净现金流愈多，更能够保证公司按时偿付其所欠之负债，但也并非愈大愈好。如果这个指数太大，说明公司的流动资产利用效果不够理想，利润率也不高。相反，若此指标低于 1，则说明公司的运营资金已不能支付本期未清偿的负债，则应采用其他方法来弥补本期的负债。现金到期债务比率公式如下：

$$现金到期债务比率=\frac{经营活动现金流量净额}{本期到期的债务}$$

(7)短期债务偿还能力评价的辅助评价

应收账款周转率是一种反映企业应收账款周转状况的度量指标，它取决于相关顾客的强弱地位、销售模式以及管理应付账款的能力。通常情况下，公司的应收账款比例愈高，则表示公司对账款的追缴愈迅速，能够降低呆账的损失；同时，公司具有较高的流动性，可以提高公司的短期债务偿还能力。如果公司的应收账款周转率过低，就表示公司对客户的催款能力不强；如果信贷政策过于宽松，会对公司的资金使用造成一定的不利影响，从而导致坏账的产生，进而对公司的经营产生不利的作用。应收账款周转率公式如下：

$$应收账款周转率=\frac{赊销收入净额}{平均应收账款}$$

应付账款周转率用来衡量公司免费使用供应商资金的能力。应付账款的合理周转比率来源于与同业比较以及公司的历史平均水平。如果公司的应付账款周转比率比业内平均值要低，则表明公司可以比同业更多地利用供应方的资金，彰显其在市场中的重要位置，但也要承受更大的偿债负担；反之则相反。若公司应付账款周转速度比以往迅速增加，则表示公司对供应方的应付款项减少，这可能是由于上游供应商议价能力加强，需要尽快收回款项。这也意味着原料短缺或者说供应紧张。公式如下：

$$应付账款周转率=\frac{赊销存款}{平均应付账款}$$

实际上，流动比率是衡量公司的流动资产和流动负债流转速率的一个重要指标。随着公司流动资产周转速度的提高，公司流动资产的规模和流动比率就会相应地上升。流动资产的流转速率愈慢，公司的流动比率愈低，其流动资产愈少。其中，应收账款在流动资产中占有很大的比重，而在流动负债中，应付账款也占有很大的比重，因此对两者进行对比研究具有一定的现实价值。

公司采购原料等物资，其主要目标是将其生产成产品，再以出售方式回收其现金，从而使其价值增加。在这种情况下，以信用购买货物所引起的应付款以应收账款的形式偿还，在资金的流动中，两者都与资金的周转周期有关，并且要互相协作。应收账款与应付款之间的关联对公司的短期债务有以下几方面的作用：

第一，应收账款和应付账款具有同样的循环周期。这时，以信用方式销售的产品所获得的现金正好可以弥补由于信用购买而产生的负债，无须再以其他的流动资金来支付，因此公司的短期偿债能力并不会因为有应收账款或应付账款而有所变化。

第二，应收账款的周转速度比应付账款的周转速度要快。这时，公司的短期静态偿债能力就会比较小。然而，因为在流动资产中，应收账款的周转速度很快，而在流动负债中，由于应付款项的周转速度相对缓慢，因此，从动态上看，公司的实际偿债能力更大。

第三，应收账款的周转速度比应付账款的周转速度要慢。这时，流动比率高体现公司的静态短期偿债能力较强。从动态来看，公司的短期偿债能力要小于以流动比率衡量的短期偿债能力，这是由于每当公司将其赊销产生的应收款项转换成现金一次，为了偿还赊购所引起的应付款项，必须不止一次地向客户付款，所以，必须使用其他的流动资产，才能按时偿还由赊购引起的负债。

存货周转率是指公司在某一段时间内营业成本(销售费用)与其平均存货的比例。它能反映存货的周转速率,也就是存货的流动性和存货资金占用情况的合理性,从而促进公司在保持生产运营的持续性的前提下,提高资金的利用率;提高公司的短期债务偿还能力。存货周转率是反映公司投入产出、存货管理水平和销售收回能力的综合性指标,公式如下:

$$存货周转率=\frac{营业成本}{平均存货}$$

在其他情况相同的情况下,库存的周转率越高,则存货的数量就会减少;相反,较低的存货周转率意味着存货规模较大。当流动比率固定时,公司若期望存货的周转速率能够加速,那么公司的短期债务偿还能力也会随之增加;反之,若存货周转率降低,公司的短期偿债能力将出现下滑。

3.长期偿债能力

(1)影响长期偿债能力的因素

长期偿债能力是指公司能够偿付非流动负债的能力。公司的非流动债务包括长期借款、应付债券、长期应付款、专项应付款、递延所得税负债及其他非流动负债。公司的盈利能力、投资效果、权益资本的增长与稳定性以及权益资本的真实价值是决定公司的偿债能力的重要因素。

公司的长期债务偿还能力与公司的赢利关系很大。公司获利能力愈高,则其长期债务偿还能力愈好;反之,公司的长期债务偿还能力较差。公司在长期的亏损状态下,只能靠出售资产来偿还,导致其无法进行正常的生产和运营,从而对股东和债权人的权益产生不利的影响。由此可见,公司的盈利水平对公司长期债务偿还能力有很大的影响。

投资效果直接关系到公司能否偿付较长时间的负债。假如公司的各项投资没有实现其预定的目标,那么即便有一定的股权资本作担保,其偿债能力也会有一定的下降。

当公司将大部分收益都分配给股东,则股权资本的增加会变少,从而会影响到对负债偿付的保护。就债权人来说,将大量的盈利留存在公司,可以增加公司的股本资本,降低利润的流出,进而可以增强债务偿还的可靠性,增强公司的长期偿债能力。

股权资本的真实价值对公司的最终债务偿还能力有很大的影响。在公司停止运营后,其最终的债务偿还能力与其资本的实际价值相关。

(2)资产规模对企业长期偿债能力的影响

资产负债率指的是期末债务总额与总资产的比率,即负债总额占总资产的比率。资产负债率是一种度量公司运用其债务融资的能力,也是一种反映债权人发放贷款的安全程度的指标,同时也是一个度量公司债务和其总资产的比例的指标,在整个公司的总资产中体现为一种债务比例,公式如下:

$$资产负债率=\frac{负债总额}{总资产}\times 100\%$$

资产负债率反映公司的资产对股东权益的保障程度。这一比率愈小,则债权人放款收回的机会愈大,债主的权益愈有保障。资产负债率也可度量公司利用负债经营的能力。这一比例愈高,则表示公司的债务营运水平愈高。从投资人角度来看,期望有高的资产负债率。这是由于资产负债比率愈高,公司盈利的机会愈大,投资人对公司的控制权也愈小。而如果把资产和债务比例弄得很高,那么在经济好的时候,就可以通过金融手段来增加股东的收益;但是,一旦经济下行,因利率过高,必然造成沉重的亏损。对于债权人而言,这一比例最好是尽可能地降低,原因是公司的负债负担愈少,其整体的偿债能力愈好,则对其股东的利益保障愈强。尤其是在公司进行清算时,其实际的价值很有可能会比账面上的价值更低,而股东通常仅负一定的义务,因此这个比率越高,债权人更有可能遭受亏损。对于公司而言,他们期望这个指数更高,尽管增加了公司的负债,但是公司可以从增加负债中获取更多的融资收益。若此指标值过高,将影响到公司融资的能力。

股东权益比率是指所有者的资本与资产总额的比率。这一比率反映公司的基本财务架构的稳定性,通常来说,公司的股权权益比率愈高愈好,但也要根据实际情况加以分析。对于股东来说,在通货膨胀上升的时候,公司多借债,就能将损失和危险转移到债权人身上。在经济景气的时候,多借债会带来更多的收益。在经济不景气的时候,提高股权权益比率可以减轻利息负担和降低财务危机。股东权益比率公式如下:

$$股东权益比率=\frac{股东权益}{总资产}\times 100\%=1-资产负债率$$

这一指标值愈高,则说明投资者在公司的资产中所投入的资本愈多,愈能保障其偿付之债务。该比率愈高,则资产负债率愈小。债权人对这一比例很关注,如果债权人把自己的资金转到股东权益比率更高的公司,那么就会有更多的公司资产作担保,从而使债权人收回其债权的概率增大,即便公司在破产时无法以账面价值回收这些资产，也不会给债权人造成很大的损失。

在实践方面，股东权益比率可以用倍数表示，叫作“业主权益乘数”，计算公式如下：

$$业主权益乘数=\frac{总资产}{股东权益}$$

业主权益乘数，即公司的总资产相对于股东权益的倍数。权益乘数率愈大，则说明股东对公司总资产的投资比例愈低，公司的债务愈严重；相反，这个比例愈小，则说明股东对公司总资产的投资比例愈高，公司的债务愈少，对债权人利益的保障程度愈高。

产权比率是指负债总额与股东权益的比率，是股份制公司的股本总额与其总资产之比，用以衡量资本结构是否合理。通常，产权比率可以从不同的角度反映出公司拥有的股份是否过多，也可以从另外一个方面说明公司的负债状况。这个比率是度量公司长期偿债能力的指标之一。它是反映公司是否具有良好的财务状况的一个重要指标。这一指标显示了公司的基本财务结构的稳定性，它表明股东和债权人所提供的资金来源之间的相关性。产权比率与资产负债率、股东权益比率同样重要，但是这个衡量标准更直接地体现了股东权益对负债的保障程度，公式如下：

$$产权比率=\frac{负债总额}{股东权益}$$

固定长期适合率是固定资产净值同股东权益与长期债务的比率。对于大部分的公司而言，资本的投入都是以股权融资方式来进行的，即公司的固定资产规模很大，而股权资本却很少，当无法达到固定资产的投资需求时，可以采取借入长期借款的方式来解决。通常的准则是，这个指标值应该小于 1。也就是说，如果指标值大于 1，则表示公司将其部分流动负债用于固定资产的投入，而流动资产的投资则完全依靠流动负债来解决，这对公司的短期债务偿还是非常不利的。当公司的固定长期适合率小于 1 时，说明公司将部分长期资本投入到了流动资金中，从而提高了公司的短期债务偿还能力。固定长期适合率公式如下：

$$固定长期适合率=\frac{固定资产净值}{股东权益+长期负债}\times 100\%$$

资产非流动负债率是指公司总负债与总资产之比，是公司所有资产来源中非流动负债所占的比例。此指标值愈大，则表示单位资产中的非流动负债比例愈高，而公司的融资方式则以长期债务为基础，故其长期的偿债能力也会有一定的风险。这一指标应该与行业结合起来进行分析。由于经常受到经济形势变化的冲击,销售额极不稳定的公司往往会因支付固定利率而产生很大的债务负担而不愿承担高额债务。例如,零售企业融资一般都是以短期借款为主要手段,其资产非流动负债率一般都比较小。资产非流动负债率公式如下:

$$资产非流动负债率=\frac{非流动负债总额}{总资产}\times 100\%$$

非流动负债营运资金比率愈小,则表明公司的短期偿债能力愈好,对公司将来的长期债务偿还有更好的保障。通常,这一指标值应该超过1,说明公司的运营资本可以用来偿付非流动负债,但是这一指标值受到公司融资战略的影响,在资产负债率已确定的条件下,因融资战略的变化,导致流动负债和长期债务的配置是有差异的。非流动负债营运资金比率公式如下:

$$非流动负债营运资金比率=\frac{流动资产-流动负债}{非流动负债}\times 100\%$$

(3)盈利能力对长期偿债能力影响的指标

销售利息比率很好地反映了公司在经营中筹资费用占销售额的比例,同时也反映了公司的经营管理风险的积极心态,公式如下:

$$销售利息比率=\frac{利息费用}{营业收入}\times 100\%$$

已获利息保障倍数是指公司的运营收入能够偿还其负债的能力。该比率愈高,则表示其还本付息的能力愈强;该指标值愈小,则表示公司的短期债务偿还能力愈差。然而,使用此项指标时应当注意,会计层面使用的是权责发生制度,因此,本期的利息费用并不一定就是当期的利息支出,而本期的实际利息也不一定就是本期的利息费用;而在此期间,息税前利润和当期经营现金收入不一定相同。所以,已获利息保障倍数的使用应该和公司的经营活动现金流量结合起来。此外,对公司的这一指标最好进行连续几年的对比,并选取该指标最小年份的数据作为基准。

$$已获利息保障倍数=\frac{利润总额+利息支出}{利息支出}$$

利用已获利息保障倍数对公司的长期偿债能力进行分析,在静态上,普遍认为这一指标值应超过1,反之,则表明公司的偿债能力非常糟糕,无法正常运营;从动态角度来看,这一指标值的上升表明公司的债务偿还能力有所提升,相反则表明公司的债务偿还能力有所降低。在此基础上,还应综合考虑行业特征,并与同行业的标准相联系,再对其进行评估。

债务本息保证倍数是指公司在某一期间的息税前利润与还本付息的比率，即现金流入与资金需求（现金流出）之间的比率，一般以倍数表示。这一指标的最小值是1，指标值愈高，则说明公司的偿债能力愈强。若指标小于1，则表示公司的债务偿还能力不强，公司将会由于难以偿还债务而出现融资困难，偿付能力降低，从而损害公司的信用。债务本息保证倍数公式如下：

$$债务本息保证倍数=\frac{息税前正常营业利润}{利息费用+\dfrac{年度还本额}{1-所得税税率}}$$

固定费用保障倍数是一个综合考虑了长期负债能够体现公司的长期偿债能力保障程度的指标。固定费用保障倍数至少要等于1，只有这样才能保障公司有能力偿付长期负债。这个指标愈高，则表示公司偿债能力愈强。这个指标是对已经获利息倍数的演化，是一个更严格地度量公司偿还债务的保障程度的指标。在进行分析时，可以采取前后对比法，或者与同类公司进行比较，或者将该方法与行业内的平均值进行比较，以了解公司的偿付能力保障程度。这个指标没有一个确定的判断标准，可以依据公司的具体情况而确定，同时也要考虑其他的指标。固定费用保障倍数公式如下：

$$固定费用保障倍数=\frac{息税前正常营业利润}{利息+租金+\dfrac{优先股股利}{1-所得税税率}+\dfrac{偿债基金}{1-所得税税率}}$$

(4)现金流量对长期偿债能力影响的分析

到期债务本息偿付比率是指公司营运活动所产生的现金净额与当前到期债务本息之比，反映公司营运所产生的现金用以偿还所欠负债之本息的能力。这一比率衡量本年内到期债务本息能用经营活动所产生的现金来偿付的程度。到期债务本息偿付比率愈高，则表示偿还其到期债务的能力愈大。若此比率大于1，则表示有必要为其提供现金保障，同时维持一定的现金结余，以保障预防性和投机性的需求。若该比率小于1，则表明公司经营活动所产生的现金已不能支付其所欠的债务本息，因此，公司必须对外筹资，吸引投资或变卖资产来偿还其负债。到期债务本期偿付比率公式如下：

$$到期债务本期偿付比率=\frac{经营活动现金流量净额}{本期到期债务本息}\times100\%$$

强制性现金支付比率是指公司是否有充足的现金来支付诸如偿还债务和支付业务活动的开支。在不断进行的经营活动中，公司的现金流入应当至少能与经营活动开支和偿付负债相匹配。这个比率愈高，它的现金支付的能力也愈大。这一指标应该为1,也就是说,现金流入量能够达到必须的支付需求,该指标值越大,说明公司的债务偿还能力越强,其超过100%以上的部分可以满足公司的其他需要。强制性现金支付比率公式如下:

$$强制性现金支付比率=\frac{现金流入总量}{经营现金流出量+偿还到期本息付现}$$

现金债务总额比率,也就是经营活动现金净流量和负债总额的比率。该指标能够精确地反映公司负债规模的持续水平,比率愈高,则公司的负债承受能力愈高。该指标反映公司目前营运活动的净现金流相当于本期偿还的债务本息的比率。此比率大于或等于1,表明公司能够以营运所得的现金来偿还其所欠之负债,而不需要收回投资或借新债还旧债;如果比率小于1,则表明公司当期需要融资或者变卖资产来清偿负债。现金债务总额比率公式如下:

$$现金债务总额比率=\frac{经营活动现金流量净额}{负债平均余额}$$

与已获利息保障倍数相比,现金流量利息保障倍数更能够体现公司的债务偿还能力,如果公司的息税前利润和经营活动现金流量净额的变化趋势相近,那么这两个指标的预测效果是相近的。但在公司的快速成长阶段,且在息税前利润与经营活动现金流量净额之间存在较大差异的情况下,采用现金流量利息保障倍数是更为稳健和保守的。现金流量利息保障倍数公式如下:

$$现金流量利息保障倍数=\frac{经营活动现金流量净额}{利息费用}$$

二、盈利能力分析

1.盈利能力的分析目标及意义

盈利能力一般是指公司在某一段时间里能够获取利润的能力。盈利能力的大小是与一定资源投入、一定收入相比的相对价值。企业的利润率愈大,企业获利愈大;相反,如果利润水平较差,则获利能力较差。

公司的运营目标就是获得收益,公司的业绩评估是以它的盈利能力为核心,例如,它的股价在很大程度上取决于盈利能力。公司的盈利不仅能够给公司的所有者创造收益,而且还能够让公司持续、健康地经营,因此,盈利能力是衡量公司最重要的标准。盈利的用途有两种,一种是分红给公司的股东,一种是作为资本投入公司的运营中。前一种是给所有者增加收益,后一种用途是增加了公司可用于运营的资金。投入经营的资金可以用来偿还长期债务,扩大经营规模等,从而实现良性循环。如果公司出现了亏损,则意味着公司的成本支出超过了收益，公司将来的资金储备很有可能会短缺，而公司的长期负债也会因此而难以偿付；非但没有给投资者们提供利润，而且有必要筹集资金。

对公司盈利能力分析主要是通过了解公司当前的盈利情况以及影响当前获利情况的因素，进而为公司的未来获利能力作出判断。举例来说，假如公司当前获利状况不理想，则应审慎地发放信贷；对经营业绩不理想的企业经营者而言，应查找造成这种局面的根源，对症下药，提高公司收益；就投资者而言，公司获利情况较好，且表现出较强的稳健性，说明其具有较佳的投资价值。

2.盈利能力分析基础

公司的经营模式是分析盈利能力的基本要素，根据经营模式，可以分为三大类：资本经营、资产经营和商品经营。

资本密集型公司的资本经营目的在于保持资本的价值或增值，或者说，寻求资本盈利能力最大化。资产、资本经营的目的在于实现资产的价值和收益的最大化。商品经营的目的在于实现供给与生产的连贯性和产品的盈利性，使其在某种程度上能够更多地生产和出售各种社会需要的产品。

商品经营的根本含义是公司以市场为导向进行经营。资产经营促进了商品经营，而资本运营促进了资产经营。

资产经营和资本经营的差别在于：第一，经营的内容是不同的，资产经营侧重于资产的配置、重组和高效利用；资本经营的重点是资本流动、收购、重组、参股和控股。第二，经营出发点的差异在于，资产经营是从整体角度展开的，注重对所有的资源进行经营，忽略了对资源的所有权问题；而资本经营则是建立在所有权明确的前提下，以公司所有权为起点，注重资本的运作（以其自有的资本或所有者的权益为主），将资产经营视为资本经营的一个重要组成部分。

资产运营和资本运营相互依存、相互作用。首先，资本运营必须依赖于资产运营，资本运营不能离开资产运营而独立存在；其次，资本运营是公司经营的最高层次，是对公司资产经营的进一步发展。

资产经营和商品经营是相互联系和相互区别的。首先，公司资产经营不能离开商品的运营而独立存在，如果没有有效的商品经营，就无法达到良好的资产运营效益。其次，资本运营是对商品经营的一种进步，既要兼顾产品自身的消耗和收益，又要兼顾公司资产投入和产出、周转速度，且以此作为经营的核心。再次，公司资产经营目标要比商品经营目标更加具有整体性。公司经营目标是资产经营目标的基础，而非一切。为了达到公司的资产运营目的，必须在现有的商品经营基础上，通过对资产的优化配置和高效利用，提高资产周转速度。

3.资本经营能力分析

资本运营盈利能力是指公司股东投入的资本在运营中获得利益的能力，其主要的衡量标准就是公司本期净利润与平均净资产的比率，即净资产收益率。

$$净资产收益率=\frac{净利润}{平均净资产}\times 100\%$$

资本结构、企业所得税率等是公司净资产收益率的重要影响因素。

其中，股东权益报酬率(或净资产收益率)与各项因素的相关性如下：

$$净资产收益率=\left[总资产报酬率+(总资产报酬率-负债利润率)\times\frac{负债}{净资产}\right]\times(1-所得税税率)$$

通过确定企业净资产收益率与其相关因素的相互关系，采用连续替代法和差额计算法，可以对各种因素变化对其影响程度进行分析。

对资本经营盈利能力起到辅助作用的现金流量指标主要包括净资产现金回收率和盈利现金比率。净资产现金回收率是指经营活动净现金流量与平均净资产的比值，盈利现金比率是指经营活动净现金流量和净利润的比率。

4.资产经营能力分析

资产经营能力是指企业运营资产产生利润的能力。反映资产经营能力的指标是总资产报酬率，公式如下：

$$总资产报酬率=\frac{利息总额+利息支出}{平均总资产}\times 100\%$$

在对公司总资产报酬率进行评估时，必须将公司前期的总资产报酬率、同行业其他企业的总资产报酬率等进行对比，进而找出对总资产报酬率的不利因素，以便对公司的运营进行有效的管理。总资产报酬率有两个影响因素，按照总资产报酬率指标的经济内涵，可以对其进行如下分解：

$$\begin{aligned}总资产报酬率&=\frac{销售收入}{平均总资产}\times\frac{利润总额+利息支出}{销售收入}\times 100\%\\&=总资产周转率\times 销售息税前利润率\times 100\%\end{aligned}$$

从上述的分解公式可知，总资产报酬率主要受总资产周转率和销售息税前利润率两个因素的影响。通过对公司总资产报酬率与各影响因素的相关性研究，采用连环替代法或差额计法可分析确定销售息税前利润率变动与总资产周转率对总资产报酬率的影响程度。

全部资产现金回收率是对资产经营能力分析发挥补充作用的主要现金流量指标。全部资产现金回收率是公司经营活动净现金流量与平均总资产的比值，公式如下：

$$全部资产现金回收率=\frac{经营活动净现金流量}{平均总资产}\times 100\%$$

5.商品经营能力分析

在商品经营中，公司针对盈利能力并没有将融资和投资问题考虑进去，而仅仅是对收入和成本的比率进行了分析。商品经营能力指标可划分为收入利润率与成本利润率。

在这些因素中，收入利润率的影响因素包括营业收入利润率、营业收入毛利率和总收入利润率、销售净利润率以及息税前利润率等。不同的收入利润率具有不同的含义，所反映的收入和利润之间的关系也不尽相同，在分析和评估中所起的作用也不尽相同。

收入利润率类指标均是正指标，也就是说，该指标值愈高愈好。在进行实际分析时，要依据具体的分析目标和要求，选择行业平均值或企业目标值等合适的标准。

成本利润率的衡量方法有多种，主要包括营业成本利润率、营业成本费用利润率以及成本费用利润率等。

成本利润率类指标也是正指标，指标值愈高愈好。在进行分析评估时，可以将指标的实际数值与标准数值相比较。可以依据分析需要和管理需求来确定标准数值。

6.上市公司盈利能力分析

由于上市公司的特性，其盈利能力不仅可以用普通公司的盈利能力指标来衡量，而且还可以用某些特定的指标来衡量，尤其是那些与股价或市值有关的指标，如每股收益、普通股权益报酬率、股利发放率、价格与收益比率、托宾 Q 指标、现金分配率指标和每股经营现金流量等。

(1)每股收益分析

每股收益的基本内涵在于，在公司发行的普通股中可以分配到的净利润。公司的每股收益可以分成两类：基本每股收益和稀释每股收益。

基本每股收益为当前公司的净利润与已发行的普通股加权平均数的比率。基本每股收益公式如下：

$$\text{基本每股收益}=\frac{\text{净利润}-\text{优先股股息}}{\text{发行在外的普通股加权平均数(流通股股数)}}$$

$$\begin{aligned}\text{发行在外的普通股加权平均数}=&\text{期初发行普通股股数}\\&+\text{当期新发行普通股股数}\times\frac{\text{已发行时间}}{\text{报告期时间}}\\&-\text{当期回购普通股股数}\times\frac{\text{已回购时间}}{\text{报告期时间}}\end{aligned}$$

稀释每股收益是指在公司有可能出现稀释股票时，应对其本期的净利润和已发行的普通股加权平均数进行相应的调整，并据此计算稀释后的每股盈余。所谓稀释性潜在普通股，是指假定当前转换为普通股，将会产生较低的每股盈利，如可转换公司债券、认股权证及股票期权等。

稀释每股收益和基本每股收益的计算方法一样，但在计算稀释每股收益时，必须对公司本期的净利润和本期已发行在外的普通股加权平均数进行相应的调整。

每股收益愈高，说明公司获利能力愈高。在衡量公司的获利能力时，应该根据同行业多个公司和一个公司在不同时期内的每股收益进行分析而得到正确的结论。

在此基础上，通过对各种因素的分析，确定各因素的变动对每股收益的影响程度。按照每股收益的经济内涵，可以对其进行如下分解：

$$\begin{aligned}\text{每股收益}&=\frac{\text{净利润}-\text{优先股股息}}{\text{流通股股数}}=\frac{\text{普通股股数}}{\text{流通股股数}}\times\frac{\text{净利润}-\text{优先股股息}}{\text{普通股股数}}\\&=\text{每股账面价值}\times\text{普通股权益报酬率}\end{aligned}$$

从分解公式来看，每股收益很大程度上取决于公司的每股账面价值和普通股权益报酬率。

(2)普通股权益报酬率分析

普通股权益报酬率是指公司的净利润减去已分配的优先股红利后的余额对普通股权益的比率。普通股权益报酬率公式如下：

$$\text{普通股权益报酬率}=\frac{\text{净利润}-\text{优先股股息}}{\text{普通股股数}}\times 100\%$$

这一指标是从普通股股东的视角来衡量公司的盈利能力，指标值愈高，说明公司获利能力愈大，而普通股股东可获股利愈多。应当将普通股权益报酬率作为衡量企业盈利能力、投资收益水平的独立衡量标准。

(3)股利发放率分析

股利发放率是指普通股股利和每股收益之间的比率，它体现了普通股股东可从每股盈利中分到多少股利。股利发放率公式如下：

$$股利发放率=\frac{每股股利}{每股收益}\times 100\%$$

计算公式中的每股股利是指公司实际发放股利与发行普通股票数量之比。股利发放率体现了公司股利政策，其大小取决于公司对资金需求量的不同，并无特定的计量方法。

(4)价格与收益比率分析

价格与收益比率，亦称为“市盈率”，是指普通股股价和当前的每股收益的关系，可以用来判断公司股票与其他公司的股票相比较的潜在价值。价格与收益比率公式如下：

$$价格与收益比率=\frac{每股市价}{每股收益}\times 100\%$$

通过该指标的持续多年的数值可以看出公司的利润水平是否稳定，从某种意义上体现公司的运营实力、盈利能力和发展潜力。此外，这一指标还能体现出公司股价的吸收力，将多家公司股价与收益比率相对比，并将其所在行业的业务发展情况相联系，可以为公司在选择项目投资时提供借鉴。

(5)托宾 Q 指标分析

托宾 Q(Tobin Q)指标反映了企业市值对其重置成本的比率。一般情况下，以总资产账面价值代替重置成本，以普通股票的市值与负债的账面价值之和作为市值。托宾 Q 值公式如下：

$$托宾\ Q\ 值=\frac{股权市场价格+长、短期债务账面价值合计}{总资产账面价值}$$

如果一个公司的托宾 Q 值超过 1，则说明公司在市场上的估值比其本身的重置成本要高；相反，如果一个公司的托宾 Q 值小于 1，说明这个公司在市场上的估值比它本身的重置成本要低。

(6)现金分配率指标分析

现金分配率是指公司的现金股利与净经营活动现金流量净额的比率。这一指标体现了经营活动取得的现金中用于支付现金股利所占的比例。现金分配率公式如下：

$$现金分配率=\frac{现金股利}{经营活动净现金流量}\times 100\%$$

(7)每股经营现金流量分析

每股经营现金流量为经营活动现金流量净额与已发行的普通股之比。这个指标体现了公司发行在外的普通股每股经营净现金流量。该指值愈高，则说明公司有较好的资本支出及支付股利的能力。每股经营现金流量公式如下：

$$每股经营现金流量=\frac{经营活动现金流量}{发行在外的普通股股数}$$

三、营运能力分析

1.企业营运能力分析的目的

经营资本的使用与其能力直接影响着公司的经营状态与经济效益。营运能力是指公司经营活动中营运资产的效率和效益。资产的利用率一般是指资产的周转速率。营运资产的效益是指企业营运资产的使用效率，也就是通过企业资产的投入和其生产经营活动的产出进行对比来体现。其分析目标是评估企业资产流动性、企业资产利用效率、企业资产利用潜能等。

2.企业营运能力分析的内容

经营能力分析的内容有资产营运能力分析、流动资产周转速度分析、资产使用效益分析。

3.反映总资产营运能力的指标

(1)总资产产值率

总资产产值率是指某一特定时期内，工业生产产品或提供服务所产生的全部价值。这一指标的数值愈高，表示公司的资产投入产出比率愈高，则公司的总资产经营情况愈佳。总资产产值率公式如下：

$$总资产产值率=\frac{总资产}{平均总资产}\times 100\%$$

(2)百元产值占用资金

百元产值占用资金公式如下：

$$百元产值占用资金=\frac{平均总资产}{总产值}\times 100\%$$

$$=\left(\frac{流动资产}{总资产}+\frac{固定资产}{总资产}+\frac{其他资产}{总资产}\right)\times 100\%$$

这一指标数值愈小，则单位产出所占的资产愈少，表明公司的资产运作能力愈好。

(3)总资产收入率

总资产收入率公式如下：

$$总资产收入率=\frac{营业收入}{平均总资产}\times 100\%$$

$$总资产收入率=\frac{总产值}{平均总资产}\times\frac{营业收入}{总产值}\times 100\%$$

$$=总资产产值率\times 产品销售率$$

提高总资产收入率主要取决于两个方面：第一，要提升总资产的生产效率，这是提升公司营运能力的根本，没有产品就没有销售，更没有利润。第二，要增加产品的销量，尽快地销售尽可能多的产品。

(4)总资产周转率

总资产周转率是衡量公司的资产运作效能的一个主要衡量指标，它反映了公司在整个生产周期内所有的资产从投入到产出的流动速率，反映公司全部资产管理的品质和使用效益。通过对这一指标的比较，能够更好地体现企业全年和以往各年总资产的经营效率与变动情况，找出公司与其他公司的资产使用差异，从而推动公司挖掘潜力，积极创收，提高产品市场占有率，提升资产使用效率。这个数值愈大，说明公司的资产周转速度愈快。公司的营销能力愈大，其资产使用愈有成效。总资产周转率公式如下：

$$总资产周转率=\frac{总周转额(营业收入)}{平均总资产}$$

$$总资产周转率=\frac{营业收入}{流动资产平均余额}\times\frac{流动资产平均余额}{总资产平均余额}$$

$$=流动资产周转率\times 流动资产占总资产的比重$$

总资产周转率的快慢主要由两个方面决定：第一，流动资产周转率要比其他资产周转率高，如果能够加速周转，那么总资产周转就会加快。相反，会导致总资产周转速率下降。第二，在公司总资产中，流动资产所占的比重也影响总资产周转率的快慢。因为流动资产的周转速率高于其他资产周转速度，因此，公司流动资产所占比率愈高，则总资产周转率愈高。相反，速度会变得更慢。

(5)总资产周转天数

总资产周转天数公式如下：

$$总资产周转天数=\frac{总资产平均余额\times 计算期天数}{营业收入}$$

4.总资产经营能力的全面比较与分析

第一，资产占有与总产值的比较分析，其目标在于说明各类资产在公司生产经营过程中的利用效果，主要指标包括固定资产产值率、流动资产产值率、总资产产值率。

第二，资产占有与收入的比较，其目标是评估各种资产经营效率和周转速度，其主要指标包括固定资产收入率、流动资产周转率、总资产收入率。

第三，以公司总资产经营能力和盈利水平为基础进行全面比较分析，以说明公司总资产收益水平变化的成因，两者间的联系表示为：

$$总资产报酬率=总资产周转率\times 销售息税前利润率$$

5.反映流动资产周转速度的指标

实现企业的经营效益，主要是通过转换流动资产的形态而实现的。流动资产从货币到商品再到货币的循环周期，说明流动资产在每次周转中是以产品销售的实现为标志。相关公式如下：

$$流动资产周转率=\frac{营业收入}{流动资产平均余额}\times 100\%$$

$$流动资产周转期=\frac{流动资产平均余额\times 计算期天数}{营业收入}$$

$$流动资产垫支周转率=\frac{营业成本}{流动资产平均余额}$$

$$流动资产垫支周转期=\frac{流动资产平均余额\times 计算期天数}{营业收入}$$

$$流动资产周转率=流动资产垫支周转率\times 成本收入率$$

或：

$$流动资产周转率=流动资产垫支周转期\times 收入成本率$$

流动资产周转率的影响因素主要有流动资产垫支周转率和成本收入比率。流动资产垫支周转率体现实际的流动资产周转率。成本收入比率反映了成本与收入的相互关系，反映出公司流动资产使用的效果。流动资产垫支周转率公式如下：

$$\begin{aligned}流动资产垫支周转率&=\frac{营业成本}{流动资产平均余额}=\frac{营业成本}{平均存货}\times\frac{平均存货}{流动资产平均余额}\\&=存货周转率\times 存货构成率\end{aligned}$$

6.存货周转速度的计算及分解

存货周转率和存货周期数公式如下：

$$存货周转率=\frac{营业成本}{存货平均余额}$$

$$存货周期数=\frac{存货平均余额\times 计算期天数}{营业成本}$$

当存货周转率过低时，可能由以下原因引起：一是经营管理不到位，导致商品的销量下降；二是预期存货会因升值而蓄意的囤积，目的就是为了伺机谋取巨额利润；三是改变了公司的营销策略。

适当的存货周转率应该参照公司的历史数据和行业内的平均值确定。存货周转天数公式如下：

$$存货周转天数=材料周转天数+在产品周转天数+产成品周转天数$$

其中：

$$材料周转天数=\frac{库存材料平均余额\times 计算期天数}{当期材料费用}$$

$$在产品周转天数=\frac{在产品平均余额\times 计算期天数}{当期生产成本}$$

$$产成品周转天数=\frac{产成品平均余额\times 计算期天数}{营业成本}$$

存货由一种形态向另一种形态转换得愈迅速，则存货的周转速率愈高，各种存货的周转额占所有存货周转额的比重也会影响存货周转率。

应收账款周转率公式如下：

$$应收账款周转率=\frac{赊销收入净额}{应收账款平均余额}$$

一般认为，应收账款周转率愈大愈好，说明应收账款收回速度越快，越能节省运营资本，降低坏账损失，并降低收账成本，提高资产的流动性。

$$应收账款周转期=\frac{计算期天数}{应收账款周转率}=\frac{应收账款平均余额\times 计算期天数}{赊销收入净额}$$

7.流动资产周转加速效果分析

(1)对流动资产的影响

$$流动资产节约额=报告期营业收入\times\left(\frac{1}{报告期流动资产周转次数}-\frac{1}{基期流动资产周转次数}\right)$$

可将流动资产节约额归类为以下三点：一是绝对节约额，其基本特征是流动资产的加速流转，而经营收入不改变；二是相对节约额，其基本标志为流动资产的加速流转，而流动资产的实际余额超过或等于基期流动资产余额；三是既包括绝对节约额又包括相对节约额，其基本特征是随着流动资产的加速流转，经营收入增长，并且流动资产所占的比重下降。

(2)对收入的影响

营业收入增加额公式如下：

$$营业收入增加额=基期流动资产平均余额\times(报告期流动资产周转率-基期流动资产周转率)$$

8.固定资产产值率的计算

(1)固定资产产值率的一般计算公式

$$固定资产产值率=\frac{总产值}{固定资产平均总额}\times100\%$$

(2)固定资产产值率的具体计算公式

$$生产设备产值率=\frac{总产值}{生产设备平均总额}\times100\%$$

$$全部固定资产产值率=\frac{总产值}{全部固定资产平均总额}\times100\%$$

四、发展能力分析

1.公司发展能力分析的意义

公司的长远发展是维持盈利的首要目的，这要求公司要对自身有一个全面的认识和评估才能更好地为公司的发展制定一份蓝图，为下一步奠定基础。公司若盈利，则会更容易获得更多的股权投资，透过对发展能力的剖析，可以让股东对公司有一个完整的认识，对公司的前途抱有期待。拥有更多的股东投资，经理们可以扩大公司的发展。发展能力的分析有助于公司发展过程中发现自身的长处和短处，从而改善公司的经营管理，实现公司发展的目的，公司将持续稳步发展。公司若能持续稳定的发展，员工将会得到更好的待遇，从而增强公司的发展实力。所以，对公司发展的影响因素进行合理的分析与评估，对于经营者和一般职工来说都是非常有价值的。

通过对公司发展的分析，可以为投资者决策提供参考，并对管理者进行有效的监管与制约。同时，可以有力地保障公司的运营和管理，使公司适应新的发展趋势，转变经营策略；为公司制订和推广符合新时期的经营体制提供了一种崭新的经营方式。

2.公司发展能力分析的内容

企业发展能力分析的内容可以分为以下两部分：

第一，公司单项发展能力分析。公司的增值取决于股东权益、利润、收益和资产等的不断增长。公司单项发展能力是指对股东权益增长率、利润增长率、收入增长率的测算与分析，分别度量公司在股东权益、利润、收入等方面具备发展的实力，并对其在股东权益、利润、收入等领域的发展趋向进行评估。

第二，对整个公司的发展潜力的剖析。公司要想获得可持续的发展，就需要在股东权益、利润、收入、资产等各层面上进行协调发展。公司发展的整体发展能力是指股东权益增长率、利润增长率、收益增长率和总资产增长率的对比，从而对公司的总体发展进行全面的评价。

3.股东权益增长速度的测算和分析

股东权益比率是指公司在年度的所得税后盈余与股东权益总额之间的比率。也就是说，公司在其一年的税后利润中，扣除股利后留存于股东权益的部分(也就是资本公积与未分配利润的总和)占全部股东权益总额的百分比，说明公司在当年股东权益的增长率，公式如下：

$$
\begin{aligned}
&\text{股东权益增长率}\\
&=\frac{\text{本期股东权益增长额}}{\text{股东权益期初余额}}\times 100\%\\
&=\frac{\text{净利润}+(\text{股东新增投资}-\text{支付股东股利})+\text{直接计入股东权益的利润和损失}}{\text{股东权益期初余额}}\times 100\%\\
&=\frac{\text{净利润}+\text{对股东的净支付}+\text{直接计入股东权益的净损失}}{\text{股东权益期初余额}}\times 100\%\\
&=\text{净资产收益率}+\text{股东净投资率}+\text{净损益占股东权益的比率}
\end{aligned}
$$

公司的经营状况和公司的类型决定了公司的股东权益增长速度，如果公司运作良好，各个领域都能保持良好的运行状态，保持良好的发展态势，股东的股份反而越少越好。这就意味着，公司的股东可以更好地经营自己的公司，获得更大的利益，反之则不然。

股东权益增长率是衡量公司价值的一个主要财务指标，若权益增长率太低，则说明公司债务负担过高，从而降低了公司抵御外界冲击的能力；而股东权益的高增长则是表明公司没有主动运用财务杠杆进行扩大经营。

4.EVA 改善率：以股东权益增长速度为基础

以股东资产的账面价值增长来衡量公司发展的能力存在着一定的偏颇，原因在于公司股本的账面价值增长只扣除了负债的成本费用，而忽视了股权权益成本补偿。在此，我们将引入 EVA(即经济增加值)改善率来消除这一偏颇。

EVA 是指在扣除权益资本成本后股东权益账面价值增值，通常采用 EVA 改善率来度量公司股东权益增长的幅度。其计算公式为：

$$\text{EVA 改善率}=\frac{\text{本期 EVA}-\text{基期 EVA}}{\text{基期 EVA}}\times 100\%$$

其中：

$$\begin{aligned}\text{EVA}&=\text{资本收益}-\text{资本成本}\\&=\text{净利润}-\text{股东权益资本成本}\\&=(\text{净资产收益率}-\text{股东权益资本成本率})\times\text{净资产}\end{aligned}$$

通常，公司净资产采用平均值，而股东资本成本率即为股东权益报酬率。

EVA 扣除负债资本成本和所有者权益资本成本，从而体现公司实际属于所有者的财富增值，并得出 EVA 改善率，既能与公司的股东权益增长率比较，也更加真实地体现了公司的股权增值能力。EVA 提高幅度愈大，则表示 EVA 较前一期 EVA 上升幅度愈大，显示公司成长的实力愈强；反之则说明公司成长的潜力较小。

根据 EVA 的计算方法，得出 EVA 受净资产收益率、权益资本成本率和净资产收益率等三个因素的影响。

EVA 改善率不但可以作为度量公司发展潜力的指标，而且可以作为一个重要的指标以评价公司发展状况。

运用 EVA 改善率对公司成长能力进行分析，首先，通过对几个阶段（最少三个阶段）的经济增值进行测算，观测经济增值额的增减变动情况。其次，采用连续替代法或差额计算法分析其变动的原因。

5.利润增长率的测算和分析

净利润增长率是指当前年度的净收益与上一年度净收益的比率。净利润是公司在缴纳了一定的所得税后所获得的利润，也就是所谓的税后利润。净利润增长率公式如下：

$$\text{净利润增长率}=\frac{\text{本期净利润增加额}}{\text{上期净利润}}\times 100\%$$

净利润增长率是衡量公司资产管理与经营绩效、发展潜力的一个主要指标。净利润增长率为正，则表示公司的经营状况有所改善；为负，则表示公司的经营状况较上年同期有所下降。

经营利润增长率也称为“销售利润增长率”，是指公司经营收益的增减额与上一年的经营总收益之间的比例。其计算公式为：

$$\text{营业利润增长率}=\frac{\text{本期营业利润增加额}}{\text{上期营业利润}}\times 100\%$$

营业利润率愈高，则代表百元产品所产生的营运效益愈高，公司获利愈大；

相反,该比例愈小,则公司获利的可能性愈小。

在对公司的利润增长率进行分析时,必须把重点放在盈利增长的根源上。从盈利模式上,盈利增长主要来自三个方面:一是由公司日常运营所产生的盈利增加;二是不属于公司正常运营的投入,很有可能利用其投资获利进行盈利操控;三是“非经常收入项目”,即“偶然”和“意外”的收入,虽然可以提高公司的净利润,但并不能促进公司的长期发展。

要对经营业利润增长情况进行综合考虑,必须将其与公司经营收入增长情况相联系。当经营利润比经营收入增长速度快时,说明公司获利持续增加;相反,公司营业成本、营业税、期间成本费用等的增加大于营业收入的增加,则说明公司经营收益的发展前景不容乐观。另外,应当对公允价值变动损益、投资收益等进行合理的评价,要关注公司利用这一部分进行利润操控。

要准确地体现公司的经营业绩和营业利润的发展态势,必须把公司的连续多期的净利润增长率与营业利润增长率进行比较,剔除个别时间内的偶然或特殊因素,以更全面、更准确地反映公司的净利润和营业利润的增长状况。

6.收入增长率的测算和分析

营业收入增长率是指公司本期营业收入增长额与上一期营业收入的比例。计算公式如下:

$$营业收入增长率=\frac{本期营业收入增加额}{上期营业收入}\times 100\%$$

营业收入增幅超过零,说明公司本年的营业收入增加了。这一指标的数值愈大,说明公司的营业收入增长率愈高,其未来的发展空间愈大。

主营业务增长速度是衡量公司成长状况和发展水平的一个重要指标。其计算公式如下:

$$主营业务收入增长率=\frac{本期主营业务收入增长额}{上期主营业务收入}\times 100\%$$

公司的主营业务收入增长率可以作为衡量公司产品寿命和发展水平的重要指标。通常情况下,若公司的主营业务收入增幅在10%以上,则表示公司的产品正处在成长期,并将持续保持良好的发展态势,还没有出现产品升级的危险,系成长型公司。若公司的主营业务收入增幅为5%~10%,则表示该公司的产品已经步入稳定阶段,即将步入低谷,因此必须进行新的产品研发。若此比例小于5%,则表示公司的产品处于低谷,难以维持其市场占有率,主要经营业绩出现下滑;若没有开发好的新产品,就会走向衰退。

在运用收入增长率来分析评价公司的营销发展能力时，应该注意下列问题：

第一，要判定一个公司的营销业绩有没有很好的成长性，必须分析市场营销的有效性。一般来讲，一家公司的收益增长速度应该比它的总资产的增长速度更快，只有这样，公司的营销业绩才会提升。

第二，要全面、准确地分析和评价一家公司的经营收益增长的走向与发展程度，就需要对其在各个阶段的经营业绩进行对比分析。由于在一定时间内，销售业绩的增长速度会被某些偶然性或不规律性的因素左右，因而不能真正体现公司的发展潜力。

第三，在分析公司的收入增长的合理性时，要把它与公司的成本、费用的增长速度相比较。同时，还应将其与公司的应收账款增长率、存货增长率进行比较。

第四，对公司的收益增加原因进行剖析。对公司的收入增长原因进行分析，以确定其在营销上的发展潜力。公司收入增加的原因有外汇汇率变动、债务重组带来的收益、会计政策和会计估算的变化。这些情况导致的收益增长是暂时的，并不代表公司的销售能力。另外，要注重收入的质量，若出现质量问题易导致应收账款计提金额过大，无法为公司提供发展动力。

7.资产增长率的测算和分析

总资产增长率是指公司年末总资产的增长额与年初总资产的比率。该年度的总资产增长额是年末的资产总额减去年初资产总额的余额，用以衡量公司的资本积累能力和发展水平。其计算公式如下：

$$总资产增长率=\frac{本期总资产增加额}{总资产期初余额}\times 100\%$$

公司资产总额的增长幅度愈大，说明在某一段时间里，公司的资产运营规模扩大的幅度愈大。但在对其进行深入剖析时，应注意到其质量与数量之间的相互关系，并注意其可持续发展的潜力，以防止盲目的发展。

在对资产增长速度进行特定的分析时，应当对以下要点予以关注：

第一，总资产增长率高并不代表公司的资产增长就是合适的。评估一家公司的资产增长是否合理，需要将其与销售增长和利润增长相联系。如果一家公司的销售增长、利润增长超过了公司资产规模增长，那么，这样的增长就是有效增长，是合理的、正常的。

第二，要对公司的资产增长来源进行准确的分析。如果一家公司的全部资产都取决于债务的增加,而公司的股东权益在一年中没有变化或没有很大的变化,那就表明公司并没有很大的发展空间。从公司的视角来考虑,公司的资产增长应当是以公司利润增长为基础的。当然,提高利润所能带来的资产增加还要视公司采取的股利政策而定。

第三,为了更好地了解公司的资产规模增长趋势与成长状况,需要对其各个阶段的资产增长速度进行对比。

对资产增长进行分析的重要原因就是,资产增长速度不仅可以作为衡量公司发展的指标,而且还可以作为预测和评价的依据。

8.公司整体发展能力分析的基本框架

怎样才能全面地对公司的发展进行评估?其基本思路如下:

首先,对股东权益增长率、收益增长率、销售增长率和资产增长率进行测算。

其次,要将增长率指标的实际值与以往各时期增长率数值、同行业平均水平相对比,并从股东权益、利润、销售收入、总资产等角度进行综合评价。

最后,要将股东权益增长率、收益增长率、销售增长率和总资产增长率等因素进行对比,并评价各因素的效益性和协同作用。

基于上述的分析,运用一定的评价标准,对公司的总体发展进行评估。一般只有股东权益增长率、利润增长率、收入增长率保持同步增长,且与同行业的平均值一致时,才能够判定其具备较强的发展潜力。

9.公司整体发展的能力分析体系的运用

运用公司发展综合能力的分析框架来进行综合发展的能力评估时,应当考虑如下因素:

第一,从股权结构角度来看,公司的所有者权益增长的来源有两个:一是净利润,净利润的增长来源于营业利润,而营业利润则来源于营业收入,并且营业收入的增长在资产使用效率一定的前提下主要受资产投入的影响;二是股东净投资,而净投资则来自本年度的股东投入资本及股东股利的发放。

第二,对利润增长的分析。利润增长是通过净利润的增长来实现的,公司的利润增长大部分来自营业利润的增长,而营业利润增长则主要来源于营业收入增长。

第三,对公司销量增长的分析。销售额的增加是影响公司营业收入和价值增值的重要因素。一个公司要想继续拓展自己的业务,必须要持续地拓展市场,以增加营业收入,从而增加股东权益,同时为新产品研发和技术革新提供资金来源，为公司发展注入了新的动力。

第四，对资产增长的分析。公司的资产是取得公司经营收益的重要保证，只有当资产使用效率达到一定程度时，才能使公司的营业收入增加。要想扩大公司资产规模，应通过债务筹资和增加股东权益来实现，也就是净资本的增加。

总的来说，在应用该框架时，应充分考虑上述四种增长率的内在联系，否则无法作出准确的预测和评价。

实训资料与要求

1.某企业年末资产负债表简略形式见表 2-20。已知期末流动比率为 2，期末资产负债率为 50%，本期存货周转次数为 5 次，本期营业成本为 300,000 元，期末存货等于期初存货。

表 2-20　资产负债表　　单位：元

资产	期末数	负债及所有者权益	期末数
货币资金	50,000	应付账款	C
应收账款净额	A	应交税费	50,000
存货	B	非流动负债	D
固定资产净值	300,000	股本	600,000
		未分配利润	E
总计	500,000	总计	500,000

要求：根据上述资料，计算确定表 2-20 中字母所代表的数值。

2.B 公司 2020 年营业收入净额 10,671,253,445 元，现销收入 2,000,000,000 元，利息支出 273,308,059 元；营业成本 7,444,465,731 元；利润总额 1,105,691,126 元；净利润 811,952,981 元；经营活动现金流量净额 2,730,619,636 元。资产负债表见表 2-21。

表 2-21　资产负债表　　单位：元

项目	年末数	年初数	项目	年末数	年初数
流动资产：			流动负债：		
货币资金	1,072,875,571	1,560,798,731	短期借款	49,800,000	1,687,000,000
预付款项	1,650,184	1,799,222	应付票据		170,000,000
其他应收款	3,803,908,369	3,179,500,967	应付账款	249,721	236,346
应收股利	249,087,257		应付职工薪酬	46,504,458	53,040,982
其他流动资产	66,321	300,000,000	应交税费	9,457,159	2,901,358
流动资产合计	4,878,500,445	5,042,098,920	其他应付款	1,002,135,702	1,643,156,452
非流动资产：			其中：应付利息	131,513,019	41,186,139
长期应收款		1,200,000,000	应付股利		2,985,563
长期股权投资	5,844,507,870	5,079,465,574	一年内到期的非流动负债	800,000,000	1,200,000,000
固定资产	19,769,193	19,550,442	流动负债合计	1,908,147,040	4,756,335,138
无形资产	140,836	370,484	非流动负债：		
其他非流动资产	4,546,275	1,407,535	长期借款	700,000,000	1,130,000,000
非流动资产合计	5,868,964,174	6,300,794,035	应付债券	1,994,020,348	
			递延收益	180,496,249	182,386,537
			非流动负债合计	2,874,516,597	1,312,386,537
			所有者权益：		
			股本	3,070,692,107	3,106,915,005
			资本公积	741,824,399	828,046,672
			减：库存股		118,066,397
			盈余公积	1,051,493,782	960,796,646
			未分配利润	1,100,790,694	496,479,354
			所有者权益合计	5,964,800,982	5,274,171,280
资产总计	10,747,464,619	11,342,892,955	负债和所有者权益总计	10,747,464,619	11,342,892,955

要求：根据上述资料，计算该公司2020年的流动比率、现金比率、应收账款周转率、资产负债率、股东权益比率、已获利息倍数、现金流量比率、资产长期负债率、长期负债营运资金比率、现金债务总额比率及现金流量利息保障倍数等指标。

3.某企业2019年、2020年度有关经营成果资料见表2-22。

表2-22 利润表

单位：元

项目	2019年	2020年
一、营业收入	367,893,877,538.94	419,111,677,714.12
减：营业成本	234,550,332,806.05	296,540,687,975.27
营业税金及附加	32,905,223,898.57	27,236,909,916.23
销售费用	9,044,496,840.07	10,636,899,699.87
管理费用	11,018,405,286.60	10,288,052,823.20
研发费用	1,066,676,028.92	665,687,472.79
财务费用	5,735,941,711.58	5,145,102,736.17
其中：利息费用	9,255,269,023.67	8,757,579,925.42
利息收入	3,530,404,983.55	4,680,643,358.10
资产减值损失	1,648,756,785.74	1,980,818,041.07
信用减值损失	216,850,482.95	224,461,716.05
加：投资收益(损失以"－"号填列)	4,984,126,780.28	13,511,869,972.98
公允价值变动收益(损失以"－"号填列)	－68,518,913.61	5,333,532.39
资产处置收益(损失以"－"号填列)	－9,665,523.59	48,381,265.04
二、营业利润	76,613,136,041.54	79,958,642,103.88
加：营业外收入	714,732,128.72	999,497,308.64
减：营业外支出	788,578,652.67	1,282,386,489.13
三、利润总额	76,539,289,517.59	79,675,752,923.39
减：所得税费用	21,407,674,945.50	20,377,636,478.86
四、净利润	55,131,614,572.09	59,298,116,444.53

要求：

(1)根据上述资料，计算2019年、2020年两个年度的收入利润率指标及其变动情况，完成表2-23。

表 2-23　收入利润率分析表

收入利润率指标	2019 年	2020 年
息税前利润(元)		
营业收入利润率		
营业收入毛利率		
总收入利润率		
销售净利润率		
销售息税前利润率		

(2)根据上述资料,计算 2019 年、2020 年两个年度的成本利润率指标及其变动情况,完成表 2-24。

表 2-24　成本利润率分析表

成本利润率指标	2019 年	2020 年
营业成本利润率		
营业成本费用利润率		
全部成本费用总利润率		
全部成本费用净利润率		

4.根据某企业 2019 年、2020 年两个年度的资产负债表、利润表等以及会计报表附注,给出以下分析数据(见表 2-25)。

表 2-25　数据资料表　　单位:元

项目	2019 年	2020 年
平均总资产	1,729,929,450,401.23	1,869,177,094,005.55
平均净资产	270,579,115,412.96	349,844,473,343.22
利息支出	9,255,269,023.67	8,757,579,925.42
利润总额	76,539,289,517.59	79,675,752,923.39
所得税税率(%)	25.00	30.00

要求:用连环替代法计算因素变动对资本经营能力的影响程度完成表 2-26。

表 2-26　资本经营能力计算表

收入利润率指标	2019 年	2020 年
总资产报酬率		
负债利息率		
净资产负债率(负债÷净资产)		
净利润		
净资产收益率		

5.某企业当年营业收入为 5,000 万元,息税前利润为 2,500 万元,应用的平均资产总额为 12,000 万元。该企业正在考虑投资一个新的生产线,并预计该项生产会增加营业收入 1,200 万元,并带来 10%的销售息税前利润率,总资产周转率变为 0.4。

要求:试对该企业新增加的生产线所带来资产经营盈利能力变动进行分析并编制资产盈利能力分析表。(提示:从总资产周转率和销售息税前利润率变动两个角度对总资产报酬率的变动进行因素分析)

6.某企业 2019 年度、2020 年度有关资料见表 2-27。

表 2-27　数据资料表　　单位:元

项目	2019 年	2020 年
净利润	1,522,881	1,115,586
优先股股息	354,897	354,897
普通股股利	180,000	190,000
普通股股利实发数	175,000	189,000
普通股权益平均额	5,386,953	7,304,587
发行在外的普通股平均数(万股)	1,023,000	1,101,300
每股市价(元)	7.80	8.30

要求:

(1)根据所给资料计算该企业 2020 年度每股收益、普通股权益报酬率、股利发放率和价格与收益比率等指标。

(2)用差额分析法对普通股权益报酬率进行分析。

7.某公司2020年净利润为20,000,000元,发行在外普通股为4,000,000股,可转换债券名义金额为200,000,000元,利率为10%。每1,000元债券可转换成40股普通股。不考虑债券溢折价的摊销额,假定所得税税率为25%。

要求:计算该公司的稀释每股收益。

8.某企业2019年、2020年度的利润表、财务费用表及有关资产、负债及所有者权益的资料分别见表2-28、表2-29、表2-30。

表2-28　利润表　　单位:元

项目	2020年	2019年
一、营业收入	10,671,253,445	10,472,028,099
减:营业成本	7,444,465,731	7,743,129,614
营业税金及附加	121,898,522	115,813,768
销售费用	233,918,938	389,269,235
管理费用	666,976,561	602,590,650
研发费用	404,842,498	366,871,283
财务费用	224,011,920	290,417,403
其中:利息费用	273,308,059	319,591,750
利息收入	53,404,661	36,942,509
资产减值损失	−738,508,094	−463,324,685
信用减值损失	−5,722,619	−20,114,033
加:其他收益	99,560,400	184,131,420
投资收益(损失以"—"号填列)	2,654,504	
公允价值变动收益(损失以"—"号填列)	179,911,200	
资产处置收益(损失以"—"号填列)	−1,158,984	−909,968
二、营业利润	1,111,875,682	663,718,880
加:营业外收入	14,369,839	7,827,834
减:营业外支出	20,554,395	9,440,087
三、利润总额(亏损总额以"—"号填列)	1,105,691,126	662,106,627
减:所得税费用	293,738,145	101,687,050
四、净利润(净亏损以"—"号填列)	811,952,981	560,419,577

表 2-29　财务费用表　　单位:元

项目	2020 年	2019 年
利息支出	273,308,059	319,591,750
减:利息收入	53,404,661	36,942,509
汇兑损益	−1,688,559	−2,869,494
其他	5,797,081	10,637,656
财务费用合计	224,011,920	290,417,403

表 2-30　有关资产、负债及所有者权益的资料　　单位:元

项目	2020 年	2019 年
平均总资产	10,747,464,619	11,342,892,955
平均净资产	5,964,800,982	5,274,171,280

要求:

(1)根据上述资料计算反映资产经营盈利能力和资本经营能力的指标并编制指标表。

(2)采用因素分析法分析总资产报酬率变动的原因。

(3)评价企业盈利能力状况。

9.某公司相关资料见表 2-31。

表 2-31　相关资料　　单位:元

项目	本年	上年
营业收入	4,025,660.78	3,809,579.33
工业总产值	4,029,433.29	3,857,552.24
总资产	2,261,401.87	2,059,932.01

要求:

(1)计算本年总资产产值率指标。

(2)计算本年百元产值占用资金指标。

(3)计算本年总资产收入率指标。

(4)计算本年总资产周转率指标。

10.某公司相关资料见表 2-32。

表 2-32　相关资料　　单位:元

项目	本年	上年
营业收入	3,666,492.42	4,025,660.78
产品营业成本	3,542,084.17	3,737,869.36
流动资产合计	1,903,919.43	1,587,586.50
其中:存货	94,195.30	88,220.53
应收账款	1,128,577.91	774,197.26

要求:

(1)计算流动资产周转速度指标。

(2)计算流动资产垫支周转速度指标。

(3)计算存货周转速度指标。

(4)计算应收账款周转速度指标。

11.某公司相关资料见表 2-33。

表 2-33　相关资料　　单位:元

项目	本年	上年
工业总产值	4,662,367,832.89	3,512,268,765.14
营业收入	5,026,531,094.60	3,867,356,287.56
固定资产原值	209,758,902.23	212,688,772.85
其中:生产用固定资产	145,869,743.56	150,231,121.69
生产设备原值	81,322,345.32	83,456,728.48

要求:

(1)计算固定资产产值率。

(2)计算生产设备产值率指标。

(3)计算生产用固定资产产值率指标。

(4)计算固定资产收入率指标。

12.假设 C 公司 2017 年、2018 年、2019 年、2020 年的资产总额分别为 4,200 万元、5,900 万元、9,100 万元、1,500 万元;4 年的负债总额分别为 1,700 万元、2,600 万元、3,700 万元、5,500 万元。请分析 C 公司的资产增长能力,并简要说明分析 C 公司资产增长能力的意义。

13.某企业 2017～2020 年的营业利润和净利润情况见表 2-34。

表 2-34　利润增长率计算表　　金额单位:元

项目	2017 年	2018 年	2019 年	2020 年
营业利润	91,403.99	56,224.03	46,451.08	15,954.74
营业利润增长额				
营业利润增长率				
净利润	71,530.44	47,603.95	41,329.03	15,686.73
净利润增长额				
净利润增长率				

要求:请完成表 2-34 并根据计算结果分析该企业的利润增长能力,并简要说明该企业利润增长能力分析的意义。

14.表 2-35 是长江公司 2017～2020 年有关会计资料。

表 2-35　长江公司有关会计资料　　单位:元

项目	2017 年	2018 年	2019 年	2020 年
资产总额	853,529.56	799,373.56	1,611,780.01	1,708,255.81
股东权益	436,117.02	394,684.42	592,039.51	723,164.84
营业收入	1,583,364.98	1,674,124.26	1,769,248.48	3,940,941.65
营业利润	28,724.85	23,393.58	23,257.13	44,385.55
净利润	20,259.17	19,352.23	18,732.26	33,454.47

要求:

(1)利用以上数据计算该公司的收入增长率,并分析其销售增长能力。

(2)分析该公司的整体发展能力。

15.表 2-36 是某企业 2018 年、2019 年、2020 年 3 年的 EVA 改善率指标分析表 2-36。

表 2-36　某企业 3 年的 EVA 改善率指标分析表　　金额单位:元

项目	2018 年	2019 年	2020 年
平均净资产	1,182,501.56	1,308,429.91	1,357,470.93
净资产收益率	0.08	0.11	0.13

续表

项目	2018年	2019年	2020年
权益资本成本率	0.05	0.07	0.07
EVA			
EVA改善率			

要求:利用因素分析法分析企业这几年EVA的变化,并指出EVA改善率产生影响的主要原因。

第三章　预算编制

实训目标

通过教学与实训操作，学生能够了解增量预算与零基预算、固定预算与弹性预算、定期预算与滚动预算的区别，熟练掌握各种预算编制方法。

通过本项目实训，学生能够运用预算方法，熟练编制业务预算、专门决策预算和财务预算，并能编制预计资产负债表、预计利润表，增强学习的体验，提高实践操作能力。

第一节　预算编制的方法

关键知识点

一、增量预算和零基预算

根据其起点的特点，可以将预算的编制方法划分为两种类型：增量预算法和零基预算法。

增量预算法是在基期成本和费用的基础上，根据预算内的业务规模和相关的成本控制措施，对有关费用项目进行相应的调整。

零基预算法没有将以前期间的费用项目或费用金额纳入预算，而是从零开始，按实际需求逐项审查各项费用的构成和支出的合理性，并在综合平衡的基础上，编制费用预算。

两者的不同之处是，前者通常会在基期的基础上进行修正，后者则不会考虑前期的水平，只会依据当期的需要来确定各种消耗指标。具体参见表3-1。

表3-1　增量预算与零基预算的区别

分类基础	预算编制方法	主要特征
出发点特征不同	增量预算	以基期数据为基础调整
	零基预算	以零为基础调整

二、固定预算与弹性预算

根据业务基数的数量特点，预算编制的方法可以划分为固定预算法和弹性预算法两种。

固定预算法是一种以预算期内正常和可实现的某一固定的业务量(例如产量、销售量等)为依据的一种预算编制方法。固定预算法存在着适应性差、可比性弱等缺陷。

弹性预算法是基于成本性态的分析，以未来不同业务水平为基础编制预算的方法。弹性预算法的具体方法有两类：公式法和列表法。其中，公式法运用成本性态模型，对预算期的成本、费用进行估算，并进行成本和费用的预算。依据成本性态，其计算公式可表示为：

$$y-a+bx$$

其中，y 表示某项预算成本总额，a 代表该项成本中的固定预算成本，b 代表该项成本中预算单位变动成本额，x 表示预算业务量。

列表法是将业务量在预期的区间内划分为若干个水平，然后根据业务量的不同水平编制单独的预算。这种方法的优点是针对任何一种业务量不需要运算就可以达到与业务规模相当的预算成本。然而，采用列表法进行预算编制时，往往要采用插补方法对“实际业务的预算成本”进行计算，这给公司带来了不便。

固定预算和弹性预算的区别是：固定预算中的业务量是固定和唯一的，而弹性预算是针对多个业务水平下的预算，其优势是可以在业务量变动时，能找到一个大致相近的业务量水平确定其成本费用水平，不至于使预算立马失效。具体参见表3-2。

表 3-2 固定预算与弹性预算的区别

分类基础	预算编制方法	主要特征
数量特征不同	固定预算	单一业务量水平,不考虑本量利关系
	弹性预算	多个业务量水平,考虑本量利关系

三、定期预算与滚动预算

根据预算期的时间特点,预算编制的方法可以划分为两类:定期预算法和滚动预算法。

定期预算法是以固定期为预算期的一种预算编制方法。其优点是可以将预算期与会计期保持一致,便于比较和分析实际数与预算数,有助于对预算的实施状况进行分析和评估。但是,这种方法也很可能导致短期行为的产生。滚动预算法是在预算的编制过程中,将预算期与会计期脱离开,并在预算实施过程中持续地对预算进行补充,从而使预算期逐步后移。两者不同之处是:定期预算的时间是固定的,而滚动预算的预算期是恒定的。

具体参见表 3-3。

表 3-3 定期预算与滚动预算的区别

分类基础	预算编制方法	主要特征
时间特征不同	定期预算	预算期与会计期一致
	滚动预算	预算期与会计期不一致

实训资料与要求

一、选择、判断题

1.下列各项中,不属于增量预算基本假定的是(　　)。

A.未来预算期和费用变动是在现有费用的基础上调整的结果

B.预算费用标准必须进行调整

C.原有的各项开支都是合理的

D.现有的业务活动为企业必需

2.相对于增量预算,下列关于零基预算的表述中错误的是(　　)。

A.预算编制成本相对较高

B.预算编制工作量相对较少

C.以零为起点编制预算

D.不受历史期不合理因素的影响

3.相对于零基预算法，增量预算法的优点在于不受历史期经济活动中不合理因素的影响，使得预算编制更贴近企业经济活动的需要。上述说法是否正确（　　）

4.下列各项中，属于零基预算法优点的有（　　）。

A.预算编制不受前期经济活动中不合理因素的干扰

B.预算编制的准确性受企业管理水平的影响较小

C.预算编制的透明度较高

D.预算编制的工作量较小

5.某公司按弹性预算法编制销售费用预算。已知预计业务量为 5 万小时，单位变动销售费用为 1.5 元/小时，固定销售费用总额为 30 万元，则按预计业务量的 80%编制的销售费用预算总额为（　　）万元。

A.30　　B.7.5　　C.36　　D.37.5

6.某企业采用公式法编制制造费用预算，业务量为基准量的 100%时，变动制造费用为 3,000 万元，固定制造费用为 1,000 万元，则预计业务量为基准量的 120%时，制造费用为（　　）万元。

A.2,600　　B.4,800　　C.4,600　　D.3,600

7.定期预算某企业制造费中油料费用与机器工时密切相关，预计预算期固定油料费用为 10,000 元，单位工时的变动油料费用为 10 元，预算期机器总工时为 3,000 小时，则预算期油料费用预算总额为（　　）元。

A.10,000　　B.20,000　　C.30,000　　D.40,000

8.在中期滚动预算法下通常（　　）。

A.以年度作为预算滚动频率

B.以季度作为预算滚动频率

C.以月度作为预算滚动频率

D.季度和月度相结合的预算滚动频率

二、计算题

1.某企业制造费用中的修理费用与修理工时密切相关。经测算，预算期修理费用中的固定修理费用为 3,000 元，单位工时的变动修理费用为 2 元；预计预算期的修理工时为 3,500 小时。

要求：运用公式法，测算预算期的修理费用总额。

2.甲企业经过分析得出某种产品的制造费用与人工工时密切相关，采用公式法编制制造费用预算，相关资料如表3-4所示。

表3-4

业务量范围	420～660(人工工时)	
费用项目	固定费用(元/月)	变动费用(元/人工工时)
运输费用		2
电力费用		10
材料费用		1
修理费用	850	8.5
油料费用	1,080	2
折旧费用	3,000	
人工费用	1,000	
合计	5,930	23.5
备注	业务量超过600工时后，修理费中的固定费用将由850元上升为1,850元	

当人工工时不超过600工时时，制造费用总额预算公式为：$y=5,930+23.5x$；当人工工时超过600工时时，制造费用总额预算公式为：$y=6,930+23.5x$。

要求：分别预算当人工工时为500小时和650小时的制造费用总额。

3.A企业采用列表法预算2020年制造费用，相关资料见表3-5。

表3-5　A企业2020年制造费用预算表

业务量(直接人工工时)	350	400	450	500	550
占正常生产能力百分比	70%	80%	90%	100%	110%
变动成本：					
运输费用(b=2)	700	800	900	1,000	1,100
电力费用(b=10)	3,500	4,000	4,500	5,000	5,500
材料费用(b=1)	350	400	450	500	550

合计	4,550	5,200	5,850	6,500	7,150
业务量(直接人工工时)	420	480	540	600	660
混合成本：					
修理费用	4,420	4,930	5,440	5,950	7,460
油料费用	1,920	2,040	2,160	2,280	2,400
合计	6,340	6,970	7,600	8,230	9,860
固定成本：					
折旧费用	3,000	3,000	3,000	3,000	3,000
人工费用	1,000	1,000	1,000	1,000	1,000
合计	4,000	4,000	4,000	4,000	4,000
总计	14,890	16,170	17,450	18,730	21,010

要求：当实际工时为 500 工时时，实际发生制造费用 17,100 元，试评价该企业实际成本控制业绩。

4.A 公司采用滚动预算法编制 2020 年制造费用预算，相关资料参见表 3-6。

表 3-6　A 公司 2020 年制造费用预算表

项目	第一季度	第二季度	第三季度	第四季度	合计
直接人工预算总工时(小时)	5,300	5,000	5,000	4,700	20,000
变动制造费用					
间接人工费用	212,000	200,000	200,000	188,000	800,000
水电与维修费用	132,500	125,000	125,000	117,500	500,000
小计	344,500	325,000	325,000	305,500	1,300,000
固定制造费用					
设备租金	180,000	180,000	180,000	180,000	720,000
管理人员工资	80,000	80,000	80,000	80,000	320,000
小计	260,000	260,000	260,000	260,000	1,040,000
制造费用合计	604,500	585,500	585,500	565,500	2,340,000

2020 年 3 月 31 日公司在编制 2020 年第二季度至 2021 年第一季度的 4 个季度中将出现以下情况：

(1)间接人工费用预算工时分配率将上涨 20%，即上涨为 48 元/小时。

(2)原设备租赁合同到期,公司新签订的租赁合同中设备年租金将降低20%,即降低为576,000元。

(3)2020年第二季度至2021年第一季度预计直接人工总工时分别为5,200小时、5,300小时、4,800小时和5,400小时。

要求:完成2020年第二季度至2021年第一季度制造费用预算表(表3-7)。

表3-7 A公司2020年第二季度至2021年第一季度制造费用预算表

项目		2020年			2021年	
		第二季度	第三季度	第四季度	第一季度	合计
直接人工预算总工时(小时)						
变动制造费用	间接人工费用					
	水电与维修费用					
	小计					
固定制造费用	设备租金					
	管理人员工资					
	小计					
制造费用合计						

5.丁公司采用逐季滚动预算和零基预算相结合的方法编制制造费用预算,相关资料如下:

资料一:2020年分季度的制造费用预算如表3-8所示。

表3-8 2020年制造费用预算 单位:元

项目	第一季度	第二季度	第三季度	第四季度	合计
直接人工预算总工时(小时)	11,400	12,060	12,360	12,600	48,420
变动制造费用	91,200	*	*	*	387,360
其中:间接人工费用	50,160	53,064	54,384	55,440	213,048
固定制造费用	56,000	56,000	56,000	56,000	224,000
其中:设备租金	48,500	48,500	48,500	48,500	194,000
生产准备与车间管理费	*	*	*	*	*

注:表中“*”表示省略的数据。

资料二:2020 年第二季度至 2021 年第一季度滚动预算期间,将发生如下变动:

(1)直接人工预算总工时为 50,000 小时。

(2)间接人工费用预算工时分配率将提高 10%。

(3)2020 年第一季度末重新签订设备租赁合同,新租赁合同中设备年租金将降低 20%。

资料三:2020 年第二季度至 2021 年第一季度,公司管理层决定将固定制造费用总额控制在 185,200 元以内,固定制造费用由设备租金、生产准备费用和车间管理费组成,其中设备分析、生产准备费的成本效益远高于车间管理费。为满足生产经营需要,车间管理费总预算额的控制区间为 12,000 元至 15,000 元。

要求:

(1)根据资料一和资料二,计算 2020 年第二季度至 2021 年第一季度滚动期间的下列指标:①间接人工费用预算工时分配率;②间接人工费用总预算额;③设备租金总预算额。

(2)根据资料二和资料三,在综合平衡基础上根据成本效益分析原则,完成 2020 年第二季度至 2021 年第一季度滚动期间的下列事项:①确定车间管理费用总预算额;②计算生产准备费总预算额。

第二节　预算编制的内容

关键知识点

一、业务预算的编制

业务预算主要包括以下几个方面:销售预算(起点)、生产预算、直接材料预算、直接人工预算、制造费用预算、产品成本预算、销售费用及管理费用预算。

1.销售预算

销售预算是编制全面预算的出发点,同时也是其他相关预算的依据,尤其是现金预算、预计资产负债表和预计利润表等。其预算主要内容有:销售收入预算、预计现金收入预算、期末应收账款预算等。通常,销售预算是按照公司的计划或者预期的销售量或者盈利目标来编制的。

销售预算的内容和特点如表 3-9 所示。

表 3-9　销售预算的内容和特点

	具体内容
内容	①销售收入＝预计销售量×单价 ②销售现金收入＝当期现金收入×当期销售收现百分比(即现销比例) ＋前期销售收入×前期销售收入在本期收现百分比 预计期末应收账款＝年初应收账款＋本期累计销售收入 －本期预计销售现金收入 备注:①销售现金收入采用收付实现制确认收入 ②年初应收账款假设在次年一月份全部收回
特点	销售预算是整个预算的编制起点,也是其他有关预算,特别是生产预算、现金预算、预计资产负债表、预计利润表等的编制基础

2.生产预算

根据销售预算编制生产预算,并作为编制直接材料预算和产品成本预算的依据。在所有的预算中,它是唯一一个仅涉及实物量指标而非价值量指标的预算。其编制基础和基本公式如表 3-10 所示。

表 3-10　生产预算的编制基础、基本公式和特点

	具体内容
编制基础	以销售预算为编制基础,同时要考虑产成品存货水平
基本公式	预算生产量＝预计销售量＋预计期末产成品存货 －预计期初产成品存货 备注:①预计期末产成品存货＝下期预计销售量 ×期末存货占销售量的百分比 ②预计期初产成品存货＝上期期末产成品存货
特点	业务预算中唯一只涉及实物量指标,不涉及价值量指标的预算

3.直接材料预算

根据生产预算编制直接材料预算时需要考虑原材料的存货水平。其预算目标是对在预算内购买物料的数量和金额进行规划。编制内容包括预计材料需用量、预计材料预计采购量、预计材料预计采购金额、预计材料采购支出和期末预计应付账款等。其编制基础和基本公式如表 3-11 所示。

表 3-11　直接材料预算的编制基础和基本公式

	具体内容
编制基础	根据生产预算来编制，同时要考虑预算期初、期末的原材料存货水平
基本公式	某种材料需用量＝产品预计生产量×单位产品定额耗用量 材料预计采购量＝生产某种材料需用量＋预计期末材料存量 －预计期初材料存量 备注： ①预计期末材料存量＝下期生产材料需用量 ×期末存货占生产需用量的百分比 ②预计期初材料存量＝上期期末材料存量 材料预计采购金额＝材料预计采购量×材料单价 材料采购支出＝当期材料采购金额×当期采购当期付现百分比 ＋前期采购金额×前期采购金额在本期付现百分比 预计期末应付账款＝年初应付账款 ＋本期累计材料采购金额－本期累计材料采购支出 备注：假设年初应付账款在下年1月份全部付清

4.直接人工预算

直接人工预算是指在预算期内，预计人工工时消耗水平，再根据人工工时消耗水平计算直接人工成本。

首先，在预算期内，对各种产品的直接人工总工时进行估算，其公式如下：

某产品预算直接人工总工时＝该产品预算生产量

×该产品单位直接人工工时(或工时定额)

其次，以上一公式为基础，对预算期内的直接人工成本进行预算：

某产品预算直接人工成本＝该产品直接人工总工时×小时工资率

然后，计算预算期内各种产品其他直接支出，公式为：

某产品预计其他直接支出＝该产品预计直接人工成本×提取百分比

最后，将预计直接人工成本与其他直接支出相加，即可编制直接人工成本预算。

5.制造费用预算

制造费用预算是指除直接材料和直接人工以外的所有其他生产费用的预算，其主要分为两个部分：变动成本与固定成本。在变动制造费用预算中，可根据预计生产量和变动制造费用分配率来计算。固定制造费用预算可以按照以往的实际数进行必要的调整或采用零基预算法编制。为便于编制现金预算，可以将非现金开支的金额单独列于制造费用预算中，从而得到现金支付数。变动(或固定)制造费用分配率公式如下：

$$变动(或固定)制造费用分配率=\frac{预计变动(或固定)制造费用总额}{相关分配标准预算数}$$

6.产品成本预算

产品成本预算是反映公司预算期内各种产品生产成本水平的一种预算。它的编制依据是销售预算、生产预算、直接材料预算、直接人工预算和制造费用预算，其主要作用是计算出产品成本，包括总成本和单位成本。其编制基础和基本公式如表 3-12 所示。

表 3-12　产品成本预算的编制基础和基本公式

	具体内容
编制基础	销售预算、生产预算、直接材料消耗及采购预算、直接人工预算和制造费用
基本公式	单位产品预计生产成本＝单位产品直接材料成本＋单位产品直接人工成本＋单位产品制造费用 期末结存产品成本＝期初结存产品成本＋本期产品生产成本－本期销售产品成本

7.销售及管理费用预算

销售费用预算是公司在完成其销售计划时所要支付的费用预算。它将销售预算作为编制依据，分析销售收入、销售利润与销售费用之间的相互影响，从而达到最有效地使用销售费用。在编制预算时，可以采用本量利分析法。

管理费用预算是做好正常经营业务所必需的费用。由于管理费用是大部分是固定成本，因此许多公司都会根据以往的实际开支，将多余的开支排除在外，根据可预测的变化适时调整。

二、专门决策预算的编制

专门决策预算主要是长期投资预算(又称“资本支出预算”)，一般是关于项目投资决策的专项预算。

专门决策预算既能真实地反映项目的投资和融资方案，又能作为资金预算和财务报表的编制基础。

三、财务预算的编制

1.现金预算

现金预算是根据经营预算和专业决策预算编制的，具体反映预算期内预计现金收入和支出，并为达到预期的现金结余而筹集资金或偿还贷款等。其主要内容包括可供使用现金、现金支出、现金余缺、现金筹措和运用四个方面，关系如下：

可供使用现金＝期初现金余额＋现金收入

可供使用现金－现金支出＝现金余缺

现金余缺＋现金筹措－现金运用＝期末现金余额

在这里，期初现金余额一般与上一期的期末余额相等；现金收入的主要来源为销售商品所产生的现金收入，而销售所得的现金收入数据则是从销售预算中获取的；现金支出中包含了预算期间的所有现金开支，如直接材料、直接人工、制造费用、销售和管理费用、购买设备等，其数据分别来自直接材料预算、直接人工预算、制造费用预算、销售及管理费用预算和专门决策预算。另外，还包括所得税费用、股利分配等现金支出，其数据分别来自另行编制的专门预算。

2.利润表预算的编制

预计利润综合反映公司在规划时期预期经营业绩，是公司最主要的财务指标。

注意：预计财务报表按预计利润表和预计资产负债表的顺序进行编制。

销售收入是从销售收入预算中获取数据的；销售成本的数据来源于产品成本预算；毛利的数据为前面两个项目的差额；销售及管理费用的数据来源于销售管理费用预算。

此外，在进行利润规划时，应估算所得税费用，并将其纳入公司的现金预算中。一般情况下，它不是根据利润总额和所得税税率计算出来的，否则，就会陷入数据的循环修改中，而且还可能遇到诸多纳税调整事项。

3.资产负债表预算的编制

预计资产负债表是用来反映公司在计划期末预期的财务情况。编制资产负债表是为了确定财务状况是否稳定、是否具有流动性。在对资产负债表进行分析后，若发现存在一些不理想的财务比率，可以根据需要对相关的财务预算进行修正，从而改善财务状况。资产负债表的编制依据为计划起始日期的资产负债表、计划期间的各项业务预算、专门决策预算、现金预算和预计利润表。

其中，货币资金数据是从现金预算中提取的；应收账款项目的数据来源于销售预算；存货的数据主要资料来源于直接材料和产品成本预算；固定资产的数据来源于专门决策预算、制造费用预算，销售和管理费用预算；在建工程的数据来源于专门决策预算；短期借款的相关数据是从现金预算中提取的；应付账款数据来源于直接材料预算；长期借款的数据是从现金预算和专业门决策预算中获得的；未分配利润的数据来源于预计利润表及现金预算。

实训资料与要求

一、选择题

1.某企业各季度销售收入有70%于本季度收到现金，30%于下季度收到现金。已知2019年年末应收账款余额为600万元，2020年第一季度预计销售收入1,500万元，则2020年第一季度预计现金收入为(　　)万元。

A.1,650　　B.2,100　　C.1,050　　D.1,230

2.下列各项中，不属于销售预算编制内容的是(　　)。

A.销售费用　　B.单价　　C.销售收入　　D.销售量

3.某企业每季度预计期末产成品存货为下一季度预计销售量的10%，已知第二季度预计销售量为2,000件，第三季度预计销售量为2,200件，则第二季度产成品预计产量为(　　)件。

A.2,020　　B.2,000　　C.2,200　　D.2,220

4.下列关于生产预算的表述中，错误的是(　　)。

A.生产预算是一种业务预算

B.生产预算不涉及实物量指标

C.生产预算以销售预算为基础编制

D.生产预算是直接材料预算的编制依据

5.某企业2017年度预计生产某产品1,000件，单位产品耗用材料15千克，该材料期初存量为1,000千克，预计期末存量为3,000千克，则全年预计采购量为(　　)千克。

A.18,000　　B.16,000　　C.15,000　　D.17,000

6.某公司预计计划年度期初应付账款余额为200万元，1月份至3月份采购金额分别为500万元、600万元和800万元，每月的采购款当月支付70%，次月支付 30%。则预计一季度现金支出额是(　　)。

A.2,100 万元　　B.1,900 万元　　C.1,860 万元　　D.1,660 万元

7.某公司 2019 年第四季度预算生产量为 100 万件,单位变动制造费用为 3 元/件,固定制造费用总额为 10 万元(含折旧费 2 万元),除折旧费外,其余均为付现费用,则 2019 年第四季度制造费用的现金支出预算为(　　)万元。

A.308　　B.312　　C.288　　D.292

8.全面预算体系中,编制产品成本预算的依据包括(　　)。

A.制造费用预算　B.直接材料预算　C.直接人工预算　D.生产预算

9.下列各项中,属于专门决策预算的是(　　)。

A.预计利润表　　B.产品成本预算

C.资本支出预算　　D.预计资产负债表

10.下列属于资本支出预算编制依据的有(　　)。

A.销售预算

B.制造费用预算

C.项目财务可行性分析资料

D.企业筹资决策资料

11.下列预算中,一般不作为资金预算编制依据的是(　　)。

A.管理费用预算　B.直接人工预算　C.生产预算　D.直接材料预算

12.在编制资金预算时,计算某期现金余缺必须考虑的因素有(　　)。

A.期初现金余额　B.期末现金余额　C.当期现金支出　D.当期现金收入

13.制造业企业在编制利润表预算时,“销售成本”项目数据来源是(　　)。

A.销售预算　B.生产预算　C.直接材料预算　D.产品成本预算

14.下列各项预算中,与编制利润表预算直接相关的有(　　)。

A.销售预算　　B.生产预算

C.产品成本预算　　D.销售及管理费用预算

15.关于资产负债表预算,下列说法正确的是(　　)。

A.利润表预算编制应当先于资产负债表预算编制而完成

B.编制资产负债表预算的目的在于了解企业预算期的经营成果

C.资本支出的预算结果不会影响到资产负债表预算的编制

D.资产负债表预算是资金预算编制的起点和基础

16.根据企业 2018 年的资金预算,第一季度至第四季度期初现金余额分别为 1 万元、2 万元、1.7 万元、1.5 万元,第四季度现金收入为 20 万元,现金支出为

19 万元，不考虑其他因素，则该企业 2018 年末的预计资产负债表中，货币资金年末数为(　　)万元。

A.2.7　　B.7.2　　C.4.2　　D.2.5

17.下列各项中，能够成为预计资产负债表中存货项目金额来源的有(　　)。

A.销售费用预算　B.直接人工预算　C.直接材料预算　D.产品成本

18.编制资产负债表预算时，下列预算中，能够直接为“存货”项目年末余额提供数据来源的有(　　)。

A.销售预算　　B.产品成本预算　C.直接材料预算　D.生产预算

二、计算题

1.A 公司编制 2020 年的销售预算，销售的预计资料如表 3-13 所示。预计该公司每季度销售收入中，本季度收到现金 80%，另外的 20%要到下季度才能收到，2019 年年末应收账款余额为 500,000 元。

表 3-13　2020 年 A 公司销售量及单价预测

季度	一	二	三	四	全年
预计销售(件)	2,000	2,500	3,000	2,800	10,300
预计单位售价	2,000	2,000	2,000	2,000	2,000

要求：根据上述资料完成该公司 2020 年销售预算表(见表 3-14)。

表 3-14　2020 年 A 公司销售预算　　金额单位：元

季度	一	二	三	四	全年
预计销售量(件)	2,000	2,500	3,000	2,800	10,300
预计单位售价	2,000	2,000	2,000	2,000	2,000
销售收入					
预计现金收入：					
上年应收账款					
第一季度					
第二季度					
第三季度					
第四季度					

续表

季度	一	二	三	四	全年
现金收入合计					
期末应收账款					

2.某企业只生产一种产品，产品售价10元/件。2020年12月销售10,000件，2021年1月预计销售20,000件，2021年2月预计销售30,000件。根据经验，商品售出后当月可收回货款的60%，次月收回30%，再次月收回10%。

要求：

(1)2021年2月预计现金收入为多少。

(2)2021年2月末应收账款为多少。

3.甲公司编制销售预算的相关资料如下：

资料一：甲公司预计每季度销售收入中，有70%在本季度收到现金，30%于下一季度收到现金，不存在坏账。2016年年末应收账款余额为6,000万元。假设不考虑增值税及其影响。

资料二：甲公司2017年的销售预算如表3-15所示。

表3-15　甲公司2017年销售预算　　金额单位：万元

季度	一	二	三	四	全年
预计销售量(件)	500	600	650	700	2,450
预计单位售价	30	30	30	30	30
销售收入	15,000	18,000	19,500	21,000	73,500
预计现金收入：					
上年应收账款	*	*	*	*	*
第一季度	*	*	*	*	*
第二季度	*	*B*	*	*	*
第三季度	*	*	*	*D*	*
第四季度	*	*	*	*	*
现金收入合计	*A*	17,100	*C*	205,250	*

注：表内的*为省略的数值。

要求：

(1)确定表格中字母所代表的数值(不需要列式计算过程)。

(2)计算 2017 年年末预计应收账款余额。

4.M 公司预计销量如表 3-16 所示，2020 年初产成品存货有 100 件，2021 年年末产成品存货预计有 200 件，各季度末产成品存货量按照下季销量的 10%安排。

要求：根据上述资料完成 M 公司 2021 年生产预算。

表 3-16　M 公司 2021 年生产预算　　单位：件

季度	一	二	三	四	全年
预计销售量	1,000	1,500	2,000	1,800	6,300
加：预计期末产成品存货				200	
合计					
减：预计期初产成品存货	100				
预计生产量					

5.M 公司预计的生产量如表 3-17 所示，单位产品预算的材料用量 20 千克/件，材料预算单价为 100 元/千克，2020 年末材料存量 4,000 千克，预计 2021 年的年末存量为 3,000 千克，各季末材料存量按照下季生产需用量的 20%安排。2020 年末的应付账款为 240,000 元，企业材料采购的货款有 60%在本季度内付清，另外 40%在下季度付清。

要求：根据上述资料完成 M 公司 2021 年直接材料预算。

表 3-17　M 公司 2021 年直接材料预算

季度	一	二	三	四	全年
预计生产量(件)	1,000	1,500	2,000	1,800	6,300
单位产品材料用量(千克/件)					
生产需用量(千克)					
加：预计期末存量(千克)					
减：预计期末存量(千克)					
预计材料采购量(千克)					
单价(元/千克)					

续表

季度	一	二	三	四	全年
预计采购金额(元)					
预计现金支出：					
上年应付账款					
第一季度					
第二季度					
第三季度					
第四季度					
全年					
期末应付账款					

6.E公司只产销一种甲产品，甲产品只消耗乙材料。2010年第四季度按定期预算法编制2011年的企业预算，部分预算资料如下：

资料一：乙材料2011年年初的预计结存量为2,000千克，各季度末乙材料的预计结存量数据如表3-18所示。

表3-18　2011年各季度末乙材料预计结存量

	第一季度	第二季度	第三季度	第四季度
乙材料(千克)	1,000	1,200	1,200	1,300

资料二：每季度乙材料的购货款于当季支付40%，剩余60%于下一个季度支付；2011年年初的预计应付账款余额为80,000元。E公司2011年度乙材料的采购预算如表3-19所示：

表3-19　E公司2011年度乙材料的采购预算

项目	一季度	二季度	三季度	四季度	全年
预计需要量合计(千克)	17,000	*A*	19,200	21,300	*B*
预计生产需要量(千克)	*	16,000	*	*	70,000
预计甲产品量(件)	3,200	3,200	3,600	4,000	14,000
预计材料采购量(千克)	*D*	*	*	20,100	*E*
减：期初结存量(千克)	*	1000	*C*	*	*

续表

项目	一季度	二季度	三季度	四季度	全年
加:期末结存量(千克)	*	*	*	*	*
材料计划单价(元/千克)	10	*	*	*	*
材料定额单耗(千克/件)	5	*	*	*	*

注:表内"*"为省略数值;"材料定额单耗"是指在现有生产技术条件下,生产单位产品所需要的材料数量。

要求:

(1)确定表格中字母所代表的数值(不需要列式计算过程)。

(2)计算 E 公司第一季度预计采购现金支出和第四季度末预计应付款金额。

7.M 公司预计 2021 年各季度生产量为 1,000 件、1,500 件、2,000 件、1,800 件,单位产品预算工时为 20 小时/件,单位小时人工成本为 50 元。

要求:根据上述资料完成 M 公司 2021 年直接人工预算(见表 3-20)。

表 3-20 M 公司 2021 年直接人工预算

	第一季度	第二季度	第三季度	第四季度	全年
预计产量(件)					
单位产品工时(小时/件)					
人工总工时(小时)					
每小时人工成本(元/小时)					
人工总成本(元)					

8.M 公司各季度预计生产量为 1,000 件、1,500 件、2,000 件、1,800 件,单位变动成本预算为间接人工每件 10 元,间接材料每件 20 元,修理费每件 30 元,水电费每件 20 元。单位产品工时为 20 小时,固定制造费用预算数如下表所示,每季度固定制造费用中包含的折旧费用为 100,000 元。

要求:

(1)根据上述资料完成表 3-21 M 公司制造费用预算。

(2)计算预算的变动制造费用小时费用分配率和固定制造费用小时费用分配率。

表 3-21 M 公司制造费用预算

	第一季度	第二季度	第三季度	第四季度	全年
变动制造费用:					
间接人工(10 元/件)					
间接材料(20 元/件)					
修理费(30 元/件)					
水电费(20 元/件)					
小计					
固定制造费用:					
修理费	15,000	12,000	15,500	15,500	58,000
折旧	100,000	100,000	100,000	100,000	400,000
管理人员工资	120,000	130,000	120,000	120,000	490,000
保险费	15,000	17,000	18,000	28,000	78,000
财产税	7,000	7,000	7,000	7,000	28,000
小计					
合计					
减:折旧					
现金支出					

9.甲公司生产 A 产品,有关产品成本和预算的信息如下:

资料一:A 产品成本由直接材料、直接人工、制造费用三部分构成,其中制造费用属于混合成本。2019 年第一至第四季度 A 产品的产量与制造费用数据如表 3-22 所示。

表 3-22 甲公司 2019 年第一至第四季度 A 产品的产量与制造费用

项目	第一季度	第二季度	第三季度	第四季度
产量(件)	5,000	4,500	5,500	4,750
制造费用(元)	50,500	48,000	54,000	48,900

资料二:根据甲公司 2020 年预算,2020 年第一季度 A 产品预计生产量为 5,160 件。

资料三:2020 年第一至第四季度 A 产品的生产预算如表 3-23 所示,每季度末 A 产品的产成品存货量按下一季度销售量的 10%确定。

表 3-23　2020 年第一至第四季度 A 产品的生产预算　　单位:件

项目	第一季度	第二季度	第三季度	第四季度	合计
预计销售量	5,200	4,800	6,000	5,000	*
预计期末产成品存货	480	*A*	*D*	*	*
预计期初产成品存货	520	*B*	*E*	*	*
预计生产量	5,160	*C*	*F*	*	*

注:表内的“*”为省略的数值。

资料四:2020 年 A 产品预算单价为 200 元,各季度销售收入有 70%在本季度收回现金,30%在下一季度收回现金。

要求:

(1)根据资料一,按照高低点法对制造费用进行分解,计算 2019 年制造费用中单位变动制造费用和固定制造费用总额。

(2)根据要求(1)的计算结果和资料二,计算 2020 年第一季度 A 产品的预计制造费用总额。

(3)根据资料三,分别计算表格中 *A*、*B*、*C*、*D*、*E*、*F* 所代表的数值。

(4)根据资料三和资料四,计算:①2020 年第二季度的销售收入预算总额;②2020 年第二季度的相关现金收入预算总额。

10.甲企业是某公司下属的一个独立分厂,该企业仅生产并销售 W 产品,2018 年有关预算与考核分析资料如下:

资料一:W 产品的预计产销量相同,2018 年第一至第四季度的预计产销量分别是 100 件、200 件、300 件和 400 件,预计产品销售单价为 1,000 元/件,预计销售收入中,有 60%在本季度收到现金,40%在下一季度收到现金。2017 年年末应收账款余额为 80,000 元。不考虑增值税及其他因素的影响。

资料二:2018 年初材料存货量为 500 千克,每季度末材料存货量按下一季度生产需用量 10%确定。单位产品用料标准为 10 千克/件。单位产品材料价格标准为 5 元/千克。材料采购款有 50%在本季度支付现金,另外 50%下一季度支付。

资料三:企业在每季度末的理想现金余额是 50,000 元,且不低于 50,000 元。如果当季现金不足,则向银行取得短期借款,如果当季现金溢余,则偿还银行短期借款。短期借款的年利率为10%。按季度付息。借款和还款的数额均为1,000元的整数倍。假设新增借款发生在季度初,归还借款在季度末。2018年第一季度,在未考虑银行借贷情况下的现金余缺为26,700元,假设2018年初企业没有借款。

要求:

(1)根据资料一计算:①W产品的第一季度现金收入;②资产负债表预算中应收账款的年末数。

(2)根据资料一和资料二计算:①第二季度预计材料期末存货量;②第二季度预计材料采购量;③第三季度预计材料采购金额。

(3)根据资料三计算第一季度现金预算中:①取得短期借款金额;②短期借款利息金额;③期末现金余额。

11.甲公司编制资金预算的相关资料如下:

资料一:甲公司预计2018年每季度的销售收入中,有70%在本季度收到现金,30%在下一季度收到现金,不存在坏账。2017年末应收账款余额为零。不考虑增值税及其他因素的影响。

资料二:甲公司2018年末各季度的资金预算如表3-24所示。

表3-24　甲公司2018年各季度资金预算　　单位:万元

	第一季度	第二季度	第三季度	第四季度
期初现金余额	500	*B*	1,088	1,090
预计销售收入	2,000	3,000	4,000	3,500
现金收入	*A*	2,700	*C*	3,650
现金支出	1,500	*	3,650	1,540
现金余缺	*	−700	*	*D*
向银行借款	*	*	*	*
归还银行借款及利息	*	*	*	*
期末现金余额	1,000	*	*	*

注:表内的“*”为省略的数值。

要求:

(1)计算2018年末预计应收账款余额。

(2)计算表中用字母代表的数值。

12.丁公司2014年年末的长期借款余额为12,000万元,短期借款余额为零。该公司的最佳现金持有量为500万元,如果资金不足,可向银行借款。假设:银行要求借款的金额是100万元的倍数,而偿还本金的金额是10万元的倍数;新增借款发生在季度期初,偿还借款本金发生在季度期末,先偿还短期借款;借款利息按季度平均计提,并在季度期末偿还。

丁公司编制了2015年分季度的资金预算,部分信息如表3-25所示:

表3-25 丁公司2015年资金预算的部分信息 单位:万元

	第一季度	第二季度	第三季度	第四季度
现金余缺	−7,500	*C*	*	−450
长期借款	6,000	0	5,000	0
短期借款	2,600	0	0	*E*
偿还短期借款	0	1,450	1,150	0
偿还短期借款利息(年利率8%)	52	*B*	*D*	*
偿还长期借款利息(年利率12%)	540	540	*	690
期末现金余额	*A*	503	*	*

注:表内的"*"为省略的数值。

要求:计算表中用字母代表的数值。

13.甲公司在2016年第四季度按照定期预算法编制2017年度的预算,部分资料如下:

资料一:2017年1月至4月的预计销售额分别为600万元、1,000万元、650万元和750万元。

资料二:甲公司的目标现金余额为50万元,经测算,2017年3月末预计"现金余缺"为30万元,公司计划采用短期借款的方式解决资金短缺。

资料三:预计2017年1月至3月净利润为90万元,没有进行股利分配。

资料四:假设甲公司每月销售额于当月收回20%,下月收回70%,其余10%将于第三个月收回;甲公司当月原材料金额相当于次月全月销售额的60%,购货款于次月一次付清;甲公司第1、2月份短期借款没有变化。

资料五:公司2017年3月31日的预计资产负债表(简表)如表3-26所示。

表 3-26 甲公司 2017 年 3 月 31 日的预计资产负债表(简表)

资产	年初余额	月末余额	负债与股东权益	年初余额	月末余额
现金	50	*A*	短期借款	612	*C*
应收账款	530	*B*	应付账款	360	*D*
存货	545	*	长期负债	450	*
固定资产净额	1,836	*	股东权益	1,539	*E*
资产总计	2,961	*	负债与股东权益总计	2,961	*

注:表内的“ * ”为省略的数值。

要求:计算表中用字母代表的数值。

第四章　筹资管理

实训目标

通过教学与实训操作，学生能够掌握股权筹资、债务筹资与混合型筹资的特点以及融资租赁租金的计算。

通过教学与实训操作，学生能够理解资本成本的概念、作用和影响因素，掌握个别资本成本和加权资本成本的计算；理解经营杠杆、财务杠杆和总杠杆的原理，掌握三类杠杆系数的计算和应用；理解资本结构决策的影响因素，掌握资本结构决策的方法，包括每股收益分析法、平均资本成本比较法和公司价值分析法。

第一节　筹资方式的选择

关键知识点

一、股权筹资

企业通过股权筹资形成权益资金。股权筹资的种类包括吸收直接投资、发行普通股和利用留存收益。

1.吸收直接投资

吸收直接投资是企业吸收国家、法人、外商或社会公众投入资金的一种筹资方式，也是非股份制企业筹集权益资本的基本方式。

(1)吸收国家投资。其产权归国家所有，但正因为此，企业资金的运用和处置受国家约束。

(2)吸收法人投资。这是一种多样化的筹资方式,主要以参与公司利润分配或控制为目的,多发生在法人单位之间。

(3)吸收外商投资,即与其他国家的投资者共同投资。

(4)吸收社会公众投资。投资人数较多,但每人投资数额较少,多以参与利润分配为目的。

通过吸收直接投资,企业筹资数额较大,可以尽快形成生产能力,但由于不公开交易,不利于进行产权交易,也不利于公司治理。在股权筹资的三种方式中,资本成本是最高的。

2.发行普通股

股票作为有价证券,在资本市场上可以自由流通,具有较强的变现能力。公司通过发行股票筹集的资金属于长期自有资金,上市公司的股票发行方式有公开发行和非公开发行两种,公开发行股票又分为首次上市公开发行股票(IPO)和上市公开发行股票。

通过中介机构向社会公众公开发行股票有利于筹资大量资金,也可以扩大公司的知名度,但审批手续复杂,发行成本较高。非公开发行股票只向少数特定对象发行,不需要中介机构,因此弹性较大,不仅可以控制发行过程,还能节省发行费用,但发行范围小,不易及时足额筹集资金。

发行普通股有利于股权的流通和转让,有利于公司经营管理,筹资数额也较大,但资本成本较高。

3.利用留存收益

留存收益是企业从历年实现的利润中提取或形成的留存于企业的内部积累,留存收益筹资的途径有盈余公积和未分配利润。利用留存收益不会影响公司控制权的分布,资本成本较低,也不会发生筹资费用,但筹资数额有限。

股权筹资的资本成本较高,控制权的频繁变更也会影响企业的稳定性,但可以为企业带来稳定的资本基础,且财务风险较小。

二、债务筹资

债务筹资形成企业的债务资金,债务资金是企业通过银行借款、向社会发行公司债券、融资租赁等方式筹集和取得的资金。

1.银行借款

银行借款是指企业向银行或其他非银行金融机构借入的、需要还本付息的款项，包括长期借款和短期借款，企业的长期借款一般用来购建固定资产，短期借款则一般用来满足流动资金周转的需要。银行借款按照提供贷款的机构，分为政策性银行贷款、商业银行贷款和其他金融机构贷款；按照对贷款有无担保要求，分为信用贷款和担保贷款。由于长期借款具有借款期限长、风险大且借款额高的特点，因此除借款合同的基本条款之外，债权人通常会在借款合同中附加例行性保护条款、一般性保护条款和特殊性保护条款。

2.发行公司债券

公司债券是公司为了筹集资金，按照法定程序发行并向债权人承诺于指定日期还本付息的有价证券。债券偿还时间按其实际发生与规定的到期日之间的关系，分为提前偿还与到期偿还两类。提前偿还是指在债券尚未到期之前就予以偿还，这可以增强公司筹资的弹性，但是只有公司在发行债券的契约中明确规定了有关条款，才能提前偿还。到期偿还包括分批偿还和一次偿还两种。当资金有结余时，公司可以选择提前偿还，但提前偿还支付的价格一般要高于债券的面值，随着到期日临近支付价格逐渐下降。

3.融资租赁

出租人根据承租人（用户）的请求，与第三方（供货商）订立供货合同，根据此合同，出租人出资向供货商购买承租人选定的设备。

融资租赁是指出租方按照承租方的要求，与第三方签订合同购买设备，在较长期限内由出租人提供给承租企业使用设备的业务。融资租赁按业务的不同特点，可分为直接租赁、售后租回和杠杆租赁三种基本的形式。

（1）直接租赁。在直接租赁下，承租方提出租赁申请，出租方按照要求选购设备并出租给承租方。

（2）售后租回。在售后租回下，承租方先将自有设备卖给出租方，然后再以租赁的形式从出租方处租回资产，享有使用权。

（3）杠杆租赁。在杠杆租赁下，承租方提出租赁申请，出租方在购买设备时只支付所需资金的一部分，其余部分则由出租方向第三方（即资金出借人）借入资金支付。

出租方在考虑融资租赁的租金时，需要考虑以下几个因素。

（1）设备的原价和预计残值。设备的原价包括购买价格、运输费、安装调试费、保险费，预计残值是指设备租赁期满以后的卖价。

（2）利息，主要是出租方购买设备垫付资金的利息。

（3）租赁手续费，包括出租方为租赁设备支付的业务费用以及出租方要求的利润。

融资租赁租金的计算一般采用等额年金法，折现率根据利率和租赁手续费率来确定一个租费率。当设备残值归出租人时，租金的计算公式为：

$$租金=\frac{租赁设备价值-残值现值}{普通年金现值系数}=\frac{租赁设备价值-残值\times(P/F,i,n)}{(P/A,i,n)}$$

当设备残值归承租人时，租金的计算公式为：

$$租金=\frac{租赁设备价值}{普通年金现值系数}=\frac{租赁设备价值}{(P/A,i,n)}$$

债务筹资相较于股权筹资，具有财务风险大、筹资数额有限等缺点，但资本成本较低、筹资弹性较大，也不会改变控制权分布，因此在实务中，需根据企业的实际情况选择合适的筹资方式。

三、混合性筹资

混合性资金是指同时具有某些股权筹资和债务筹资特征的资金形式，本节介绍的混合性筹资方式包括优先股、可转换债券和认股权证。

1.优先股

优先股是享有优先权的股票。相对于普通股而言，优先股在利润分配和剩余财产清偿分配方面享有优先权，因此，其风险较小。但是，优先股股东一般无表决权，因此不能参与公司决策，也不能控制公司的经营管理。

优先股从法律形式上看属于股权性资金，无固定到期日，无须偿还本金。与债券筹资相比，优先股筹资财务风险较低；与普通股筹资相比，有利于保障普通股股东的收益和控制权。虽然优先股的资本成本比普通股低，但是，一方面由于投资优先股的风险相较于债权会更高，另一方面优先股股利只能在税后扣除，因此优先股的资本成本比债权资金高。优先股也可能会形成较重的财务负担。

优先股有以下几种分类方式：

(1)按照股息率是否在存续期内调整，分为固定股息率优先股和浮动股息率优先股。固定股息率优先股在股权存续期内不作调整，但是浮动股息率优先股要根据约定的计算方法在股权存续期内进行调整。

(2)按照分红是否具有强制性，分为强制和非强制分红优先股。公司在章程中规定，在有可分配税后利润时，必须向优先股股东分配利润的优先股是强制分红优先股，可以不向优先股股东分配利润的优先股是非强制分红优先股。

(3)按照所欠股息是否累积分为累积和非累积优先股。累积优先股是指当公司当年可分配利润不足以支付优先股股息时,将应付股息累积至以后年度,在普通股的股息发放之前,连同本年优先股股息一并发放,非累积优先股不能将以前年度的股息累积到本年一并发放。

(4)按照是否有权同普通股股东一起参加剩余税后利润分配,分为参与和非参与优先股。参与优先股股东既可以获得固定的优先股息,还可以与普通股股东一起分享公司的剩余收益,非优先股股东则只能获得固定的优先股息。

(5)按照是否可以转换成普通股,分为可转换和不可转换优先股。可转换优先股在规定时间内可以转换成普通股,但不可转换优先股则不能转换为普通股。

(6)按照是否享有要求公司回购优先股的权利,分为可回购和不可回购优先股。可回购优先股允许发行公司回购,但不可回购优先股则不附有回购条款。

2.可转换债券

可转换债券是指在一定期限内,可以按照事先规定的价格或者转换比例,自由地选择是否转换为公司普通股的混合型证券,它是公司普通股和证券期权的组合体。可转换债券的持有人可以按照事先规定的价格或者转换比例,自由地选择是否转换为公司普通股。

可转换债券的基本要素包括标的股票、票面利率、转换价格、转换比率、转换期、赎回条款、回售条款和强制转换条款。由于可转换债券的持有人拥有可以将债券转换成股票的权利,因此一般情况下可转换债券的票面利率要比同期债券利率低。可转换债券的转换比率是债券面值和转换价格之比。

可转换债券在筹资性质和时间上都具有较强的灵活性,既可以降低资本成本,也有利于调整资本结构,还能够提高筹资效率,但同时也存在一定的不确定性,如果在转换期内公司股价较低,债券持有者不愿意转股,将会给公司带来较大的财务压力。

3.认股权证

认股权证是股份有限公司赋予认股权证持有人的一种权利,使得认股权证持有人在一定期限内可以以约定价格购买公司一定股份的权利。认股权证本质上是一种股票期权,因此它具有期权性;另外,投资者可以通过购买认股权证获得股票价差收益,因此它也是一种投资工具。

通过发行认股权证,可以促进公司在规定的期限内完成股票发行计划,顺利实现融资;也有利于改善上市公司的治理结构,作为激励机制的认股权证还可以推进上市公司的股权激励机制。

实训资料与要求

一、选择题

1.与股票筹资相比,属于留存收益筹资特点的是(　　)。

A.资本成本较高　　B.筹资数额有限

C.可能会稀释股东控制权　　D.不发生占用费用

2.企业吸收直接投资筹资的出资方式不包括(　　)。

A.实物资产　　B.土地使用权

C.劳务　　D.无形资产

3.吸收直接投资的特点不包括(　　)。

A.筹资费用低　　B.能够尽快形成生产能力

C.有利于产权交易　　D.容易进行信息沟通

4.下列选项中,非股份制公司筹集股权资本的方式有(　　)。

A.发行优先股　　B.吸收直接投资

C.融资租赁　　D.经营租赁

5.与银行借款筹资相比,下列各项中,属于发行债券筹资特点的有(　　)。

A.扩大公司的社会影响　　B.筹资数额少

C.资本成本较低　　D.募集资金使用限制较多

6.下列各项中,不属于融资租赁租金构成内容的是(　　)。

A.设备原价　　B.租赁手续费

C.垫付设备价款的利息　　D.租赁设备的维修费

7.下列筹资方式中,既可以筹集长期资金,也可以筹集到短期资金的是(　　)。

A.发行股票　　B.利用商业信用

C.发行认股权证　　D.银行借款

8.下列关于认股权证特点的描述中,错误的是(　　)。

A.认股权证是一种融资促进工具

B.认股权证是一种拥有股权的证券

C.认股权证有利于推进上市公司的股权激励机制

D.认股权证有助于改善上市公司的治理结构

9.某公司发行可转换债券,每张面值为1,000元,转换比率为25,则该可转换债券的转换价格为(　　)元/股。

A.20　　B.50　　C.30　　D.40

10.优先股股东相较于普通股股东具有一定的优先权，其优先权利不包括（　　）。

A.优先分配股利　　B.优先分配剩余财产

C.优先认股权　　D.优先表决权

11.下列各项中，属于优先股筹资特点的有（　　）。

A.可以保障普通股收益和控制权

B.可以推动股份公司股权资本结构的调整

C.可以丰富资本市场的投资结构

D.可能给股份公司带来一定的财务压力

12.下列选项中，可转换债券的基本性质有（　　）。

A.证券期权性　　B.筹资灵活性

C.赎回与回售　　D.资本转换性

二、计算题

1.甲公司于2022年1月1日从A租赁公司租入一套设备，价值100万元，租期10年，租赁期满时预计残值2万元，归租赁公司所有。假设租费率为12%，租金每年年末支付一次。

要求：

(1)计算每年租金(结果保留整数)。

(2)计算2022年的期初本金、支付租金、应计租费、本金偿还额和本金余额。

2.A公司是一家上市公司，2022年年末总股份为12亿股，当年实现净利润为4亿元，公司计划投资一条新生产线，总投资额为10亿元。为了筹集新生产线的投资资金，现有两个筹资方案可供选择：

方案一：发行可转换公司债券10亿元，每张面值100元，规定的转换价格为每股10元，债券期限为5年，年利率为2%，可转换日为自该可转换公司债券发行结束之日起满一年后的第一个交易日。

方案二：发行一般公司债券10亿元，每张面值100元，债券期限为5年，年利率为5%。

要求：

(1)计算自该可转换债券发行结束至可转换日起，与方案二相比，甲公司发行可转换债券节约的利息。

(2)预计在转换期公司市盈率将维持在 20 倍的水平(以 2022 年的每股收益计算)。如果 A 公司希望可转换债券进入转换期后能够实现转股,那么甲公司 2022 年的净利润及其增长率至少应达到多少?

(3)如果转换期内公司股价在 8～9 元之间波动,说明 A 公司将面临何种风险?

第二节　资本成本与资本结构

关键知识点

一、资本成本的计算

资本成本是企业为筹集和使用资金而付出的代价,包括筹资费和占用费两个方面,它是资本所有权与使用权分离的结果。企业在资本筹集过程中为获取资金而支付的成本称为"筹资费",它通常是一次性发生的;而企业在资金使用过程中因占用资金而付出的代价称为"占用费",这部分成本是由于占用了他人的资金而必须支付的,因此也构成了企业的资本成本。

企业通过对不同筹资方式或不同筹资方案下的资本成本进行比较,可以决策最适合的方案,也可以以此来评价投资项目的可行性和企业的整体业绩。另外,平均资本成本可以用来评价企业资本结构的合理性。

资本成本一般用百分比表示,分子是企业为筹资金发生的占用费,分母为扣除筹资费之后可供企业使用的资金净额。资本成本的计算需要区分债务筹资和股权筹资,债务筹资需要考虑利息费用的抵税效应,因此不同的筹资方式下资本成本的计算也不一样。

1.个别资本成本

(1)银行借款的资本成本率

如果不考虑货币时间价值的影响,一般模式下银行借款的资本成本率计算公式为:

$$K=\frac{i(1-T)}{1-f}$$

其中,K 表示银行借款的资本成本率,i 表示银行借款年利率,T 表示所得税税率，f 表示筹资费率。

对于某些金额大、期限超过 1 年的长期资本，则需要考虑货币时间价值的影响，贴现模式下银行借款的资本成本率的计算公式为：

筹资净额现值＝未来资本清偿额现金流量现值

$$P(1-f)=I\times(1-T)\times(P/A,i,n)+P\times(P/F,i,n)$$

其中，P 表示名义借款额，f 表示筹资费率，I 表示年利息，T 表示所得税税率。

此时计算得出的贴现率即为资本成本率。

(2)发行债券的资本成本率

平价发行债券资本成本率的计算与银行借款相同，折价发行与溢价发行则需重新考虑。如果不考虑货币时间价值的影响，一般模式下公司债券的资本成本率计算公式为：

$$K=\frac{I(1-T)}{P(1-f)}$$

其中，K 表示银行借款的资本成本率，I 表示公司债券的年利息，T 表示所得税税率，P 表示公司债券筹资总额，f 表示筹资费率。

如果需要考虑货币时间价值，贴现模式下公司债券资本成本率的计算与银行借款相同，使得筹资净额限制等于未来资本清偿额现金流量现值的贴现率就是公司债券的资本成本率。

(3)普通股的资本成本率

普通股资本成本率的计算方法一般分为股利增长模型和资本资产定价模型。

股利增长模型下，计算公式为：

$$K=\frac{D_0(1+g)}{P_0(1-f)}+g=\frac{D_1}{P_0(1-f)}+g$$

其中，K 表示普通股的资本成本率，D_0 表示本期支付的股利，g 表示股利增长率，P_0 表示目前每股股票的市场价格，f 表示筹资费率，D_1 表示下一期的股利。

资本资产定价模型下，计算公式为：

$$K=R_f+\beta(R_m-R_f)$$

其中，K 表示普通股的资本成本率，R_f 表示无风险收益率，β 表示股票的贝塔系数，R_m 表示市场平均收益率。

(4)优先股的资本成本率

优先股资本成本率的计算原理与普通股相同，只是优先股的股息是固定的，计算公式为：

$$K=\frac{D}{p(1-f)}$$

其中，K 表示优先股的资本成本率，D 表示优先股年固定股息，P 表示优先股发行价格，f 表示筹资费率。

(5)留存收益的资本成本率

留存收益属于权益资金，它与其他股权筹资不同的地方在于不需要考虑筹资费用，但在计算时，同样有股利增长模型和资本资产定价模型。

2.平均资本成本

平均资本成本是指企业存在多种筹资方式的情况下的资本成本，在计算时要用个别资本成本与权重相乘相加，得到加权平均资本成本。个别资本成本的计算根据前文所述的方法确定，权重根据个别资本占总资本的比重来确定，确定形式有账面价值、市场价值、目标价值等。账面价值权数是以各项个别资本成本的会计报表账面价值为依据来确定权数，市场价值权数是以各项个别资本的现行市价为依据来确定权数，目标价值权数是以各项个别资本预计的未来价值为依据来确定权数。

二、杠杆原理在资本成本管理中的计量

杠杆原理在财务管理中主要是指由于存在固定性的经营和财务费用，某一业务量的小变动会引起利润较大变动的现象，具体包括经营杠杆、财务杠杆和综合杠杆三种形式。

1.经营杠杆效应

经营杠杆指的是由于存在固定性的经营成本，使得企业的息税前利润变动率大于业务量变动率的现象。经营杠杆系数(DOL)是息税前利润变动率与产销业务量变动率的比值，公式为：

$$DOL=\frac{\Delta EBIT/EBIT_0}{\Delta Q/Q_0}$$

$$EBIT=S-V-F=(P-V_c)Q-F=M-F$$

$$M=S-V$$

其中，$EBIT$ 表示息税前利润，S 表示销售额，V 表示变动性经营成本，F

表示固定性经营成本，P 表示销售单价，V_c 表示单位变动成本，Q 表示产销业务量，M 表示边际贡献，下标 0 表示为基数的数据。

经过整理，经营杠杆系数公式也可以简化为：

$$DOL=\frac{M_0}{M_0-F_0}=\frac{EBIT_0+F_0}{EBIT_0}$$

其中，M_0 表示基期的边际贡献，余同。

经营杠杆体现了息税前利润变动的情况，经营杠杆系数在一定程度上体现了企业的经营风险。经营风险是由企业生产经营原因造成息税前利润变动的不确定性，经营杠杆放大了经营、市场等因素对利润的影响，但是经营杠杆本身不是导致息税前利润变动的原因。经营杠杆系数越大，企业的经营风险也越高。根据经营杠杆系数计算公式，可以发现影响经营杠杆系数大小的因素包括固定成本、变动成本、销售量、销售价格，其中，固定成本、变动成本与经营杠杆系数同向变化，销售量、销售价格与经营杠杆系数反向变化。

2.财务杠杆效应

财务杠杆指的是企业由于存在债务资本成本，使得企业的普通股每股收益变动率大于息税前利润变动率的现象。

财务杠杆系数（DFL）是普通股每股收益（EPS）变动率与息税前利润变动率的比值，公式为：

$$DFL=\frac{\Delta EPS/EPS_0}{\Delta EBIT/EBIT_0}$$

其中每股收益需要考虑利息、所得税和优先股股息等因素，即：

$$EPS=\frac{(EBIT-I)(1-T)-D}{N}$$

其中，I 表示债务资金利息，T 表示所得税税率，D 表示优先股股利，N 表示普通股股数。

如果不考虑优先股，上式也可以简化为：

$$DFL=\frac{EBIT_0}{EBIT_0-I_0}$$

财务杠杆体现了每股收益变动的情况，财务杠杆系数在一定程度上体现了企业的经营风险。财务风险是由企业筹集债务资本的原因导致每股收益变动的不确定性，财务杠杆放大了息税前利润对每股收益的影响，但是财务杠杆本身不是导致每股收益变动的原因。财务杠杆系数越大，企业的财务风险也越高。根据财务杠杆系数计算公式，可以发现影响财务杠杆系数大小的因素包括债务资本成本、息税前利润、所得税税率，其中，债务资本成本与财务杠杆系数同向变化，息税前利润与财务杠杆系数反向变化。

3.综合杠杆效应

综合杠杆指的是由于企业同时存在生产经营中的固定成本和债务资金中的固定资本成本，使得普通股每股收益变动率大于产销业务量变动率的现象。

只要企业同时存在生产经营中的固定成本和债务资金中的固定资本成本，就存在综合杠杆效应。综合杠杆系数（DTL）是普通股每股收益变动率与产销业务量变动率的比值，公式为：

$$DTL=\frac{\Delta EBIT/EBIT_0}{\Delta Q/Q_0}\times\frac{\Delta EPS/EPS_0}{\Delta EBIT/EBIT_0}=\frac{\Delta EPS/EPS_0}{\Delta Q/Q_0}$$

如果不考虑优先股，上式也可以简化为：

$$DTL=\frac{M_0}{M_0-F_0-I_0}$$

公司总风险包括经营风险和财务风险，可以用综合杠杆系数来评价公司整体的风险水平，综合杠杆系数反映了经营杠杆和财务杠杆之间的关系。在综合杠杆系数一定的情况下，经营杠杆系数与财务杠杆系数此消彼长，即较高的经营风险可以被较低的财务风险抵消。一个经营风险较高的企业适合选择较低的财务杠杆，目的是将总风险维持在一定水平上。

三、目标资本结构的决策

资本结构是指企业各种资本的构成及其比例关系，是企业通过不同的方式筹集资金的结果。广义的资本结构指的是企业全部的债务资本与股权资本的构成比例，狭义的资本结构仅指债务资本中的长期负债与股权资金的构成比例。企业筹资方式的选择直接影响了企业的资本结构，筹资方式受多种因素的影响，如企业的经营状况、财务状况、信用状况、生命周期、行业发展周期、投资者和管理者的态度和偏好、行业特征、货币政策等。

债务筹资的资本成本较低，但过多的债务资本会带来较高的财务风险，股权筹资的资金可以长期占有，但资本成本较高，因此企业要在债务筹资和股权筹资之间权衡，确定一个最合理的资本结构。此资本结构被称为“最佳资本结构”，也就是使得企业加权平均资本成本最低、企业价值最大的资本结构。确定最佳资本结构的方法主要有每股收益分析法、平均资本成本比较法和公司价值分析法。

1.每股收益分析法

每股收益分析法的思路是：通过比较不同筹资方案下的每股收益，企业应当选择使得每股收益最大的筹资方案。在每股收益分析法下，需要确定每股收益无差别点，也就是每股收益不受筹资方式影响的业务量水平或息税前利润水平。每股收益（EPS）的计算公式如下：

$$EPS=\frac{(EBIT-I)(1-T)-D}{N}$$

其中，$EBIT$ 表示息税前利润，T 表示所得税税率，D 表示优先股股利，N 表示普通股股数。

如果用下标 1、2 分别表示不同的筹资方式，在每股收益无差别点上这两种筹资方案的每股收益相等，则有：

$$EPS_1=EPS_2$$

即：

$$\frac{(EBIT-I_1)(1-T)-D_1}{N_1}=\frac{(EBIT-I_2)(1-T)-D_2}{N_2}$$

使得上式成立的息税前利润就是每股收益无差别点息税前利润。在每股收益无差别点上，无论采用债务筹资还是股权筹资，每股收益都是一样的，但是，当预计的息税前利润或业务量水平大于每股收益无差别点时，应选择债务筹资，反之选择股权筹资。

2.平均资本成本比较法

平均资本成本比较法，也就是要计算不同筹资方案下的平均资本成本，决策原则是要优选平均资本成本最低的筹资方案。

3.公司价值分析法

公司价值由债权价值和股权价值两部分构成，通过计算不同筹资方案下的公司价值和平均资本成本，选择最佳资本结构。在此结构下，公司价值最大，平均资本成本也最低。公司的总价值（V）等于股票的总价值（S）加上债权的价值（B），即：

$$V=S+B$$

其中，股票的市场价值计算公式为 $S=\frac{(EBIT-I)(1-T)}{K_S}$，$K_S$ 表示权益资本成本，通过资本资产定价模型计算，即 $K_S=R_f+\beta(R_m-R_f)$；债权的市场价值等于其面值。

企业的平均资本成本按照个别资本成本和权重相乘相加得到，其中，股权的资本成本根据资本资产定价模型得到数值，债务资本和股权资本的比重按各自在公司总价值中所占的比重确定。

实训资料与要求

一、选择题

1.甲公司发行了期限3年的长期债券2,000万元,年利率为7%,每年年末付息一次,到期一次还本,债券发行费率为1.5%,企业所得税税率为25%,该债券的资本成本率为(　　)。

A.7%　　B.5.25%　　C.5.33%　　D.7.11%

2.甲公司于2022年1月1日平价发行普通股股票1,000万元,筹资费用率为5%,上年发放的股利额为90万元,预计未来股利每年增长5%,企业所得税税率为25%,则该公司留存收益的资本成本为(　　)。

A.14.47%　　B.9.47%　　C.10%　　D.13.47%

3.甲公司普通股β系数为1.5,同期的国债利率为5%,市场的平均风险收益率为12%,企业所得税税率为25%,则该普通股的资本成本率为(　　)。

A.17%　　B.10.5%　　C.7%　　D.7.5%

4.甲公司以95元的发行价格发行面值100元的优先股,该优先股的年股息率为8%,为发行该优先股发生筹资费用为发行价的2.5%,企业所得税税率为25%。该优先股的资本成本率为(　　)。

A.8.13%　　B.6.56%　　C.7.15%　　D.8.64%

5.甲公司向银行借款100万元,借款利率为8%,为借款发生筹资费用为1万元,企业适用的所得税税率为25%,则这笔银行借款的资本成本率为(　　)。

A.8.1%　　B.6.16%　　C.6.06%　　D.8.08%

6.甲公司只生产销售某种型号的电脑,2022年销售量为100万件。单价为5,000元/台,变动成本率65%,固定成本总额15,000万元。则甲公司的经营杠杆系数是(　　)。

A.1.10　　B.1.25　　C.1.15　　D.1.05

7.2022年,甲公司的息税前利润为1,000万元,下列选项中,可能会导致财务杠杆系数变大的是(　　)。

A.增加企业的固定成本　　B.降低本期的变动成本

C.增加企业的销量　　D.增加基期的负债资金

8.甲公司现有股票筹资和债务筹资两种筹资方案可供选择,通过计算得出每股收益无差别点的息税前利润为500万元,如果预计下一年的息税前利润为

490 万元，则甲公司应该选择的筹资方式是（　　）。

A.债务筹资　　　　B.股票筹资

C.两种筹资方式都不可以　　　　D.两种筹资方式都可以

9.甲公司股票市场价值为 700 万元，股票资金的 β 系数为 1.5，债务资金的市场价值为 300 万元。债务资金的个别资本成本为 6%，甲公司适用的所得税税率为 25%，市场平均的风险报酬率为 10%，同期的国债利率为 5%，那么甲公司按市场价值计算的加权平均资本成本为（　　）。

A.10.1%　　B.12.2%　　C.11.7%　　D.10.25%

10.甲公司计划在下一年对公司的资本结构进行优化，下列财务决策方法中，可供甲公司使用的方法有（　　）。

A.销售百分比法　　　　B.回归直线法

C.每股收益分析法　　　　D.平均资本成本比较法

11.甲公司拟计算平均资本成本，可以以（　　）为基础计算资本权重。

A.边际价值　　　　B.目标价值

C.账面价值　　　　D.市场价值

12.甲公司 2022 年的经营杠杆系数为 1.5，财务杠杆系数为 2，如果产销量增加 10%，则下列说法不正确的有（　　）。

A.每股收益将增加 30%　　　　B.每股收益将增加 20%

C.息税前利润将增加 1.5%　　　　D.息税前利润将增加 15%

13.甲公司管理层认为公司目前的经营风险过高，以下措施中，可以降低甲公司经营风险的有（　　）。

A.销售部门加大产品销售量

B.生产部门降低变动成本

C.尽快还款以降低利息费用

D.购买设备增加固定成本

14.影响留存收益资本成本的因素可能有（　　）。

A.国债利率　　　　B.所得税税率

C.市场的平均报酬率　　　　D.β 系数

二、计算题

1.甲公司 2022 年年末长期资本为 10,000 万元，其中银行借款 3,000 万元，年利率为 5%，所有者权益（包括普通股股本和留存收益）为 7,000 万元，公司计划在2023年追加筹集资金10,000万元，筹资方式包括：按面值发行债券5,000万元，票面年利率为6.1%，期限3年，每年付息一次，到期一次还本，筹资费率为2%，发行优先股筹资5,000万元，优先股的固定股息率为7.2%，筹资费用率为3%，公司普通股β系数为1.5，一年期国债利率为3.5%，市场平均报酬率为8.5%，公司适用的所得税税率为25%，假设不考虑筹资费用对资本结构的影响，发行债券和优先股不影响借款利率和普通股股价。

要求（计算结果保留小数点后两位）：

（1）计算甲公司银行借款的资本成本。

（2）不考虑货币时间价值的情况下，计算甲公司发行债券的资本成本。

（3）计算甲公司发行优先股的资本成本。

（4）利用资本资产定价模型计算甲公司留存收益的资本成本。

（5）根据（1）～（4）的计算结果，计算甲公司的加权平均资本成本。

2.甲公司2023年计划生产并销售A产品，A产品的单位售价为10元，预计2023年的销售量可达到10万件。目前甲公司的资产总额为300万元，其中债务资金为120万元，权益资金为180万元，负债的平均年利率为5%。该公司目前有A、B两个生产方案可供选择：

方案A：单位变动成本为5.5元，固定成本为25万元。

方案B：单位变动成本为4元，固定成本为35万元。

要求（计算结果保留小数点后两位）：

（1）分别计算A方案和B方案的经营杠杆系数、财务杠杆系数及综合杠杆系数。

（2）如果甲公司的销售量预计将会下降10%，分别计算A方案和B方案的息税前利润将会下降多少个百分点。

（3）根据上面的计算结果判断A方案和B方案的风险大小。

3.2022年年末甲公司发行在外的普通股总股数为1,000万股，其全部债务为600万元，债务资金的利息率为5%。2023年，由于甲公司计划扩大投资规模，需要从外部筹资500万元，现在有两种方案选择：

方案一：按面值平价发行公司债券500万元，票面利率为6%。

方案二：通过增发普通股600万股筹资权益资金，每股股票的发行价为5元。

现在甲公司拟采用每股收益分析法确进行方案选择。假设不考虑发行普通股和发行债券的筹资费，经过财务人员的计算，追加筹资后甲公司销售额可以达到1,000万元，变动成本率为60%，固定成本总额为220万元，甲公司适用的企业所得税税率为 25%。

要求：

(1)计算两种方案的每股收益无差别点。

(2)计算公司追加筹资后的 2023 年预计的息税前利润。

(3)根据上述的计算结果,甲公司应当选择何种筹资方案,并说明理由。

4.甲公司 2022 年息税前利润为 300 万元,公司适用的所得税税率为 25%,公司目前资产总额为 1,000 万元,其中权益资金的占比为 60%(权益资金全部来自普通股股票),股票账面价值为 600 万元,其余的 20%由债务资金构成(权益资金全部来自公司债券),债券账面价值为 400 万元,假设债券市场价值与其账面价值基本一致。甲公司管理层认为目前的资本结构不够合理,准备用发行债券购回股票的办法予以调整。其他资料如表 4-1 所示。

表 4-1 甲公司债务利息与权益资本成本

债券市场价值(万元)	债券利息率	股票 β 系数	无风险收益率	平均风险股票的必要收益率
400	6%	1.35	4%	12%
600	7%	1.41	4%	12%
800	8%	1.46	4%	12%
1,000	11%	1.62	4%	12%

要求：

(1)请完成表 4-2。

表 4-2 某公司市场价值与企业加权平均资本成本

债券市场价值(万元)	①股票市场价值(万元)	②公司市场总价值(万元)	③债券资金比重	④股票资金比重	⑤债券资本成本	⑥权益资本成本	⑦加权平均资本成本
400							
600							
800							
1,000							

(2)根据表 4-2 的计算结果,确定甲公司的最优资本结构。

第五章　投资管理

实训目标

通过教学与实训操作，学生能够理解企业进行投资的意义，了解企业投资管理的特点和投资的分类、原则，掌握投资项目现金流量的构成与计算分析，掌握各种投资决策指标的计算方法和具体应用；理解所得税与折旧对投资现金流的影响，掌握固定资产更新决策分析的方法；了解多个投资方案决策的方法。

通过教学与实训操作，学生能够理解证券资产的特点，了解证券投资的目的和风险，掌握证券投资和股票投资风险收益率的计算，了解基金的概念和基本运作。

第一节　项目投资决策

关键知识点

一、现金流量的计量和预测

企业投资指的是企业投入资金，希望在未来获取一定收益的经济行为。企业想要生存发展和获取利润，投资就是基础和前提。就企业内部来说，企业通过投资配置生产经营需要的资产形成生产能力，在未来获得收益。另外，企业进行外部投资也可以获得投资收益。同时，企业投资也是企业风险控制的重要手段。经营活动是企业的程序化管理工作，但投资并非程序化管理工作，它是企业的战略性决策，投资期限较长，投资项目的波动性也较大。

因此在进行投资决策时需要从多方面考虑，如可行性、结构平衡和动态监控。

在进行项目投资决策的过程中，首先需要对项目的现金流量进行预测，此步骤是投资决策的基础，也会直接关系到是否投资该项目。现金流量指的是某一个投资项目在其计算期内可能发生的现金流入量和现金流出量的统称，因此现金流量包含流入量和流出量两个方面。而现金流入量与现金流出量相减后的余额，叫作“现金净流量”，用 NCF 表示。

投资项目是存在存续期的，根据投资项目的经济寿命周期，一般将投资项目分为投资期、营业期和终结期三个阶段，不同阶段项目的现金流量不相同，因此要分阶段进行项目现金流量的分析。

1.投资期

在投资期，企业一般没有现金的流入，更多的是现金的流出。在此阶段，企业要进行长期资产的投资，也需要预垫一部分生产经营所必需的营运资金，因此投资期的现金流量由固定资产、无形资产等长期资产的投资和预垫的营运资金构成。

2.营业期

在营业期，企业既有现金的流入，也有现金的支出，现金的流入主要表现为营业收入，现金的支出主要表现为成本。需要注意的是，由于非付现成本没有实际的现金支出，因此在计算时剔除非付现成本的影响。营业期企业现金净流量的计算公式为：

$$\begin{aligned}\text{营业期的现金净流量} &= \text{营业收入}-\text{付现成本}-\text{所得税}\\ &= \text{税后营业利润}+\text{非付现成本}\\ &= (\text{收入}-\text{付现成本})\times(1-\text{所得税税率})\\ &\quad +\text{非付现成本}\times\text{所得税税率}\end{aligned}$$

注：如果不考虑所得税的情况，将所得税（或所得税税率）视为 0 即可。

3.终结期

在终结期，企业更多的是现金的流入，企业的现金净流量包括回收固定资产变价净收入、回收预垫的营运资金和固定资产变现的净收益。

二、项目投资决策评价指标

企业在对投资项目进行决策时，通常会用到净现值、年金净流量、现值指数、内含报酬率和回收期等评价指标。

1.净现值

净现值(NPV)是指投资项目在投产使用后,未来现金净流量按照一定的折现率折现后的现值扣除原始投资额以后的余额,计算公式为:

$$NPV = \text{未来现金净流量现值} - \text{原始投资额}$$

折现率体现的是未来现金净流量的现值对原始投资额的补偿情况。如果 NPV 大于零,说明该投资项目未来现金净流量的现值可以补偿原始投资额,项目也具有可行性,否则项目不具有可行性。如果是年限相同的多个投资方案的互斥项目进行决策,则应该选择净现值最大的项目,但如果是年限不同的多个投资方案,则净现值不具有可比性。一般来说,净现值法适用性较强,考虑了投资风险,但所采用的贴现率不易确定,不能直接用于年限不同的互斥项目的决策,不适用于原始投资额不相等的独立投资方案的比较决策。

2.年金净流量

如果投资项目的年限不同,则净现值不可比,这时可以将净现值折算为等额的年金平均现金流量,或计算出项目期内的所有现金流量的终值,再折算为等额的年金平均流量。这个等额的年金平均流量就成为年金净流量($ANCF$),计算公式为:

$$ANCF = \frac{NPV}{\text{年金现值系数}} = \frac{\text{总年金净流量的终值}}{\text{年金终值系数}}$$

年金净流量弥补了净现值的年限不同的投资项目不可比的缺点,利用年金净流量进行多项目不同年限的投资方案决策时,年金净流量越大方案越好。但是年金净流量同样不适用于原始投资额不相等的独立方案进行决策。

3.现值指数

如果原始投资额不相等,比较不同项目的净现值和年金净流量不合适,这时将投资项目的未来现金净流量现值除以原始投资额现值,可得到现值指数(PVI),计算公式为:

$$PVI = \frac{\text{未来现金净流量现值}}{\text{原始投资额}}$$

如果投资项目未来现金净流量现值大于原始投资额,则现值指数大于 1,收益高于投资,投资项目可行;如果投资项目未来现金净流量现值等于原始投资额,则现值指数等于 1,收益等于投资,投资项目可行;如果投资项目未来现金净流量现值小于原始投资额,则现值指数小于 1,收益低于投资,投资项目不可行。现值指数弥补了净现值和年金净流量对于原始投资额不相等的独立方案不可比的缺点，现值指数越大方案越好。

4.内含报酬率

以上指标都无法看出投资项目能带给投资者的报酬率是多少。使净现值为0的贴现率，也就是未来现金流入量现值等于未来现金流出量现值的贴现率，就叫作投资项目的“内含报酬率”（IRR）。通过内含报酬率，投资者可以直观地看出该投资项目的收益水平。计算步骤如下。

（1）如果投资项目每期的现金净流量相等，则先计算年金现值系数，然后通过年金现值系数表找出同期最接近的两个贴现率，最后利用插值法求出该投资项目的内含报酬率。

（2）当投资项目每期的现金净流量不相等时，需要用到逐步测试法。首先预估一个贴现率，并计算此贴现率下的净现值，通过逐步测试法找到净现值为一正一负且比较接近的两个贴现率，最后根据上述两个贴现率用插值法求出该投资项目的内含报酬率。

内含报酬率体现了项目本身的收益水平，较为直观。在通过内含报酬率进行决策时，要用该指标和企业的资本成本率（或投资者要求的最低必要报酬率）进行对比，内含报酬率大于资本成本率（或最低必要报酬率），则投资项目可行，否则投资项目不可行。

5.回收期

未来现金流量弥补原始投资额回收所需要的时间，称为“回收期”。不考虑货币时间价值的是静态回收期，考虑货币时间价值的是动态回收期。

（1）静态回收期

不考虑货币时间价值的情况下，静态回收期直接用原始投资额除以每年的年金净流量，计算公式如下：

$$\text{静态回收期}=\frac{\text{原始投资额}}{\text{每年年金净流量}}$$

当未来每年的现金净流量不相等时，需要先找到收回原始投资额的前一年（Y）、下一年（$Y+1$）必然可以收回原始投资额，计算公式如下：

$$\text{静态回收期}=Y+\frac{\text{第 }Y\text{ 年尚未收回的金额}}{\text{第}(Y+1)\text{年的现金净流量}}$$

（2）动态回收期

动态回收期需要考虑货币时间价值，使得未来现金净流量的现值等于原始投资额现值需要的年限为回收期，也就是倒求年金现值系数中的年限 n，通过插值法可求得回收期，计算公式如下：

$$原始投资额=年金净流量\times(P/A,i,n)$$

$$(P/A,i,n)=\frac{原始投资额}{年金净流量}$$

当未来每年的现金净流量不相等时，需要将未来每一年的现金净流量折现，同样需要先找到收回原始投资额的前一年（Y）、下一年（$Y+1$）必然可以收回原始投资额，计算公式如下：

$$动态回收期=Y+\frac{第\,Y\,年尚未回收额的现值}{第(Y+1)年净现金流量的现值}$$

回收期越短，则意味着投资项目越好，投资者可以通过回收期直观了解项目收回投资所需的年限，但是该指标只考虑回收期以前的现金净流量，尚未提及回收期以后的收益情况，因此不能看到项目的总体报酬。

三、项目投资管理

在进行项目投资管理时，需要区分独立项目和互斥项目的投资决策。

1.独立投资方案

独立投资方案是指两个或两个以上的投资项目互不影响，可以同时投资多个项目，每个项目的决策也是独立的。独立投资方案之间比较进行决策时，主要是需要确定独立方案之间的投资顺序，此时考虑的是投资效率，一般通过内含报酬率的指标进行决策。

2.互斥投资决策

互斥投资决策是指两个或两个以上的项目不能同时投资，只能选择其中的一个项目进行投资的决策。互斥项目的投资决策需要区分项目的投资年限是否相等，如果互斥投资方案下不同项目的寿命期相等，一般通过净现值的指标进行决策，净现值最大的方案为最佳决策。如果互斥投资方案下不同项目的寿命期不相等，可以通过年金净流量的指标进行决策，当项目之间的资本成本率相同时，年金净流量最大的方案为最佳决策；或者可以采用共同年限法，选取各项目寿命期的最小公倍数作为共同有效寿命期，也就是将寿命期不同的项目转化为寿命期相同的项目，进而比较项目的净现值，净现值最大的方案为最佳决策。共同年限法和年金净流量的决策结果一致，但共同年限法计算繁于年金净流量法。

固定资产更新决策属于互斥投资的其中一种情况，因为企业对固定资产更新改造的决策只能在更新或者不更新两种情况中二选一，所以固定资产更新决策是属于互斥项目投资的决策类型，也要对固定资产的寿命期进行区分，决策思路与上述的一般互斥项目投资决策相同，但需注意以下几点：

(1)旧设备的原始投资现金流量要在变现价值的基础上考虑清理损失或收益对所得税的影响，损失或收益是将旧设备的账面价值和变现价值相比。如果变现价值小于账面价值，则为清理损失，具有抵税效应，反之为清理收益，计算公式为：

$$\text{旧设备的原始现金流量}=-(\text{变现价值}+\text{清理净损失}\times T)$$

或：

$$\text{继续使用旧设备的原始现金流量}=-(\text{变现价值}-\text{清理净收益}\times T)$$

其中，T 表示所得税税率。

(2)旧设备的使用年限应按尚可使用年限考虑。

(3)项目终结期固定资产回收的残值同样需要考虑残值净损失或净收益对所得税的影响，思路与原始投资额现金流量相同，即：

$$\text{回收残值的流量}=\text{残值}+\text{残值净损失}\times T$$

或：

$$\text{回收残值的流量}=\text{残值}-\text{残值净收益}\times T$$

(4)设备折旧额的计算：当税法和会计不一致时，以税法的规定为计算基础。设备折旧年限的确定：当税法和会计不一致时，以年限较短的为计算基础。

实训资料与要求

一、选择题

1.甲公司打算投资一个项目，该项目的寿命期为 8 年，寿命期终了无残值，营业收入为 1,500,000 元/年，营业成本为 900,000 元/年，其中折旧额 200,000 元/年，适用的所得税税率为 25%，该方案的每年营业现金净流量为(　　)元。

A.575,000　　B.500,000　　C.450,000　　D.400,000

2.下列各项中，不属于投资项目现金流出量内容的是(　　)。

A.预垫的营运资金　　B.终结期的变现净损失

C.摊销　　D.固定资产投资

3.甲公司计划投资一个项目，该项目需要一次性投资 50 万元，建设期为 1 年，经营期为 10 年，项目终结有残值 3 万元，经营期每年可以产生现金净流量

12 万元。若资本成本率为 8%，则甲公司投资该项目的净现值为(　　)万元。[$(P/A,8\%,10)=6.710,1$，$(P/F,8\%,1)=0.925,9$，$(P/F,8\%,11)=0.428,9$]

A.27.55　　B.24.55　　C.31.81　　D.25.84

4.甲公司计划投资一个项目，该项目的原始投资额现值为 250 万元，净现值为 75 万元，则该项目的现值指数为(　　)。

A.2.33　　B.0.3　　C.1.3　　D.3.33

5.甲公司现有 A、B 两个投资项目可以选择，由于资金有限，只能在两个投资项目中选择一个投资，两个项目的寿命期相等，但是原始投资额不相等，甲公司适合采用(　　)指标进行分析决策。

A.回收期　　B.现值指数　　C.内含报酬率　　D.净现值

6.甲项目的原始投资额为 200 万元，项目计算期为 8 年，未来每年的现金流量为 38 万元，假设项目的资本成本率为 6%，则该项目的年金净流量为(　　)。[$(P/A,6\%,8)=6.209,8$]

A.5.79　　B.1.52　　C.4.36　　D.4.89

7.由于业务转型，甲公司打算在 2022 年年末处理一台现有的设备。该设备于 5 年前购入，原价 120,000 元，折旧年限为 10 年，按直线法计提折旧，预计残值 20,000 元，目前可以 40,000 元的价格卖出，假设甲公司适用的所得税税率为 25%，现在卖出该设备对本期现金净流量的影响是(　　)。

A.减少 5,000 元　　B.减少 7,500 元

C.增加 5,000 元　　D.增加 7,500 元

8.甲公司拟进行一项固定资产投资决策，假设贴现率为 12%，有三个方案可供选择。第一个方案的年金净流量为－0.3 万元，第二个方案的项目寿命期为 10 年，净现值为 1,020 万元，$(P/A,12\%,10)=5.650,2$，第三个方案项目现值指数为 0.98。则甲公司的最优投资方案是(　　)。

A.第一个方案　　B.第二个方案

C.第三个方案　　D.以上答案都不对

9.甲公司拟进行投资决策，该项目的营业收入为 600 万元，营业成本为 340 万元，其中非付现成本为 100 万元，甲公司适用的所得税税率为 25%，该项目年营业现金净流量为(　　)万元。

A.220　　B.295　　C.120　　D.185

10.长城公司打算投资一个项目，现在有甲、乙两个独立投资方案可供选择，甲方案的原始投资额现值为 70,000 元，未来现金净流量现值为 88,000 元，净

现值为1,200元;乙方案的原始投资额现值为700,000元,未来现金净流量现值为750,000元,净现值为1,800元,则下列说法正确的有(　　)。

A.应当采用净现值法进行比较　　B.应当采用现值指数法进行比较

C.甲方案优于乙方案　　D.乙方案优于甲方案

11.下列属于静态回收期优点的是(　　)。

A.可以直观看出回本时间　　B.考虑了货币时间价值

C.可以看出项目的投资收益率　　D.便于理解

二、计算题

1.甲公司拟进行一个项目投资,资本成本率为8%,该项目投资期为1年,营业期为5年,项目的投资额为1,000万元,分两次等额投入,营业期每年可以获得290万元的现金净流量。[已知$(P/F,8\%,1)=0.925,9$,$(P/A,8\%,5)=3.992,7$]

要求:分别计算该投资项目的原始投资额现值、净现值、年金净流量、现值指数、静态回收期,并判断该项目是否具有可行性。

2.甲公司计划购入一台设备以满足生产的需要。有两个方案可供选择,A方案购买的是型号为X01的设备,价格为22万元,设备可以使用5年,预计残值为2万元。B方案购买的是型号为X02的设备,经过测算,使用该设备的年金成本为4.9万元。两种设备的生产能力没有区别,假设公司的机会成本为8%;所得税税率为25%。[已知$(P/A,8\%,5)=3.992,7$,$(P/F,8\%,5)=0.680,6$]

要求:请计算A方案下的设备的年金成本,并据此判断甲公司应该选择哪个方案。

3.甲公司打算对一台设备是否继续使用进行决策。公司现有的设备(即旧设备)已经使用8年,如果购买新设备,则要将旧设备出售后另行购买一台新设备。新设备购买即可使用,投资额在更新时点一次性投入。使用新旧设备对生产能力不会产生影响,但新设备的营运成本有所降低。会计和税法对于新旧设备折旧年限、折扣方法以及净残值等处理一致,假定折现率为10%,甲公司适用的所得税税率为25%。其他资料如表5-1和表5-2所示。

表 5-1 新旧设备相关资料 金额单位:万元

项目	旧设备	新设备
原价	8,000	9,000
预计使用年限	15 年	14 年
已使用年限	3 年	0 年
净残值	500	600
当前变现价值	6,500	9,000
年折旧费(直线法)	500	600
年营运成本(付现成本)	1,200	900

表 5-2 相关货币时间价值系数表

期数(n)	12	14
(P/F,10%,n)	0.318,6	0.263,3
(P/A,10%,n)	6.813,7	7.366,7

经测算,旧设备在其现有可使用年限内形成的净现金流出量现值为 5,787.80 万元,年金成本(即年金净流出量)为 1,407.74 万元。

要求:

(1)计算旧设备在尚可使用年限内的现金净流量的现值。

(2)计算旧设备的年金成本。

(3)计算新设备在其可使用年限内形成的现金净流量的现值(不考虑旧设备变现的抵减)。

(4)计算新设备的年金成本。

(5)根据以上计算结果,判断甲公司是否应该进行设备更新,并说明理由。

第二节 证券投资决策

关键知识点

证券投资是指投资者买卖股票、债券、基金等有价证券及其衍生品,期望通过交易获得收益的一种投资行为。证券投资是一种间接投资。企业将闲置资金投资于证券资产，可以提高这部分资金的收益水平。证券资产的流动性较强，可增强企业的偿债能力，进行多样化投资也可以降低投资风险。但是进行证券投资，企业也会面临系统风险和非系统风险，系统风险包括价格风险、购买力风险和再投资风险等，非系统风险包括破产风险、违约风险、变现风险等。

一、债券投资决策

企业进行债券投资决策的内容包括投资的时机、投资的期限、计划购入的债券，影响决策的因素可能包括企业可供自由使用的资金、风险偏好程度和投资收益等。

1.债券的价值

未来债券可以带来的所有收益折现后的价值，就是债券的价值，债券未来的收益包括定期的利息和最后的本金，折现所用到的贴现率一般是投资者要求的最低收益率。只有债券的价值大于或等于债券的实际价格，才值得投资。影响债券价值的因素包括债券的面值、期限、票面利率和贴现率等。

2.债券投资的内部收益率

债券持有人按照当前的市场价格购买债券，并持有直至到期或转让所能获得的收益，就是债券的内部收益率，也叫作“内含收益率”。当债券的内部收益率高于投资者要求的最低收益率时，才值得投资。

二、股票投资决策

投资者投资股票未来可以获得的现金流量折现后的价值，就是股票的价值，而使得股票未来现金流量的现值等于目前购买价格的贴现率，就是股票的内部收益率。这种未来的现金流量一般是以股利的形式存在，因此可以通过发放的股利来计算股票的价值。只有股票的价值超过股票的购买价格或是股票的内部收益率高于投资者要求的最低收益率时，才值得投资。

1.股票估价模式

(1)固定增长模式

股利增长模式适用于未来的股利按照固定增长率增长的情况，这时，股票价值的计算公式如下：

$$V=\frac{D_0(1+g)}{R-g}$$

其中，D_0表示本期支付的股利，g 表示股利增长率，R 表示投资者要求的最低收益率。

(2)零增长模式

零增长模式适用于未来的股利固定不变的情况，也就是固定增长模式中的增长率为0，这时，股票价值的计算公式如下：

$$V=\frac{D_0}{R}$$

2.股票投资收益率

(1)当未来的股利按照固定增长率增长时，股票的投资收益率需要考虑增长率，这时内部收益率(R_a)计算公式为：

$$R_a=\frac{D_1}{P_0}+g$$

其中，D_1表示增长一期后的股利，即$D_0(1+g)$，P_0表示当前的股票市价，g表示股利增长率。

(2)当未来的股利固定不变时，也就是固定增长模式中的增长率为0，这时内部收益率(R_a)计算公式为：

$$R_a=\frac{d}{p_0}$$

(3)如果股票未来的股利呈现阶段性增长的情况，其内部收益率是使得未来股利现值减去当前购买价格等于零时的贴现率，需要利用逐步测试法，并结合插值法进行计算。

三、基金投资

投资基金是一种利益共享、风险共担的集合投资方式。基金可以将众多投资者的小额资金集中起来，形成较多的投资额，并由专业的投资者通过投资组合的方式进行投资管理。这个投资者也叫“基金管理人”。投资基金反映了基金的投资者和基金的管理人之间的一种委托代理关系。

投资基金根据投资目标可以分为增长型基金、收入型基金和平衡型基金，不同的投资对象适合投资的基金类型也不一样。增长型基金投资风险较高，但未来收益也较高，主要是为获得资本增值而进行投资，因此一般投资对象为成长性较好的股票。收入型基金的投资风险较低，未来收益也较低，主要是为了获得比较稳定的收入而进行投资，因此投资对象大多为蓝筹股、债券。平衡型基金的投资风险处于一个中等水平，投资者同时关注资本增值和稳定的收入。

实训资料与要求

一、选择题

1.甲公司以面值购买了乙公司发行的面值为 100 元的债券，债券期限是 4 年期，利率为 5%，每半年支付一次利息，按照年收益率计算，该债券持有至到期日的实际内含收益率为(　　)。

A.10%　　　　B.10.25　　　　C.5%　　　　D.5.25%

2.甲公司以面值购买了乙公司发行的面值为 100 元的债券，债券期限是 4 年期，票面利率为 5%，每半年支付一次利息，已知等风险债券的市场利率为 6%，则乙公司发行的债券价值为(　　)。

A.$25\times(P/A,6\%,8)+100\times(P/F,6\%,8)$

B.$25\times(P/A,5\%,8)+100\times(P/F,5\%,8)$

C.$50\times(P/A,6\%,8)+100\times(P/F,6\%,8)$

D.$50\times(P/A,5\%,8)+100\times(P/F,5\%,8)$

3.甲公司已经支付给股利的股利是 0.2 元/股，今年的股票价格为 30 元/股，预计股利增长率为 8%，则股东长期持有股票可以获得的内部收益率是(　　)。

A.8%　　　　B.8.67%　　　　C.8.72%　　　　D.9.25%

4.假设甲公司的股票未来股利保持不变，目前股票市价低于股票价值，则甲公司股票的内部收益率与投资人要求的最低收益率的关系是(　　)。

A.股票的内部收益率等于投资人要求的最低收益率

B.股票的内部收益率高于投资人要求的最低收益率

C.股票的内部收益率低于投资人要求的最低收益率

D.不确定

5.甲公司的股票当前市场价格为 40 元，最近一期支付的股利是 0.8 元/股，该股利以未来将以 8%的速度稳定增长，则甲公司股票的股利收益率和内部收益率分别为(　　)。

A.2%和 8%　　　　B.2.16%和 8%

C.2%和 10.16%　　　　D.2.16%和 10.16%

6.小王打算购买并长期持有长城公司的公司股票，预计长城公司下一年的每股股利为 0.8 元，且股利未来呈现稳定增长的趋势，增长率为 6%，如果小王要求的最低收益率为 12%，则长城公司股票的内在价值是(　　)元/股。

A.13.33　　B.14.13　　C.6.67　　D.12.58

7.甲公司的股票最近刚支付的股利为1元/股，估计未来股利稳定增长，股利增长率为4%，投资者要求的最低收益率为12%，则甲公司股票的价值为(　　)元。

A.11.25　　B.12.5　　C.13　　D.25

8.投资对象为潜力较大的股票，同时兼具高风险高收益的特点，投资者投资目的主要是获得资本增值，该基金最有可能是(　　)。

A.债券基金　　B.增长型基金

C.收入型基金　　D.平衡型基金

9.由于市场利率下降，证券资产持有者无法通过再投资而实现预期收益的可能性属于(　　)。

A.价格风险　　B.再投资风险

C.变现风险　　D.系统风险

二、计算题

1.长城公司现在有一笔闲置资金，打算购买公司债券作为长期投资，投资期限为5年，要求的最低收益率为6%。现共有三个方案可供选择，长城公司只打算选择其中一个方案进行投资：甲方案债券面值为100元，债券的发行价格为85元，票面利率为2%，按单利计息，到期一次还本付息；乙方案债券面值为100元，发行价格为105元，票面利率为7%，按单利计息，到期一次还本付息；丙方案债券面值为100元，发行价格为106元，票面利率为8%，每年付息一次，到期还本。经过计算，丙方案债券的内部收益率为7%。[已知$(P/F,5\%,5)=0.785,3$，$(P/F,6\%,5)=0.747,3$，$(P/A,6\%,5)=4.212,4$]

要求：

(1)分别计算甲、乙、丙三个方案下债券的价值。

(2)分别计算甲方案和乙方案下债券的内部收益率。

(3)根据上述计算结果，请你帮助长城公司进行决策，应该选择哪个方案。

2.甲公司现在有一笔闲置资金，打算购买公司股票作为长期投资，现有A、B、C三家公司的股票可供选择，甲公司要求的最低必要收益率为10%，甲公司只准备投资其中一家公司：A公司的股票市价为10元/股，最近一期已经发放的股利为0.5元/股，A公司股利未来两年处于高增长阶段，增长率为15%，两年以后稳定增长，增长率为3%；B公司的股票市价为12元/股，最近一期已经发放的股利为1.1元/股，估计未来股利固定在当前水平发放；C公司的股票市价为 8 元/股，最近一期已经发放的股利为 0.2 元/股，估计未来股利稳定增长，股利增长率为 8%。[已知(P/F,10%,1)=0.909,1,(P/F,10%,2)=0.826,4]

已知 M 股票现行市价为 3.5 元/股，上年每股股利为 0.15 元，预计以后每年以 6%的增长率增长，N 股票现行市价为 7 元/股，上年每股股利为 0.6 元，股利分配政策将一贯坚持固定股利政策，L 股票现行市价为 4 元/股，上年每股股利 0.2 元，预计该股票未来 3 年第 1 年增长 14%，第 2 年增长 14%，第 3 年增长 5%，第 4 年及以后将保持每年 2%的固定增长率水平。

要求：

(1)分别计算 A、B、C 三家公司的股票价值。

(2)分别计算按当前市价投资购买 B 公司和 C 公司股票的内部收益率。

(3)甲公司应当购买哪家公司的股票，请说明原因。

第六章　营运资金管理

实训目标

通过教学与实训操作，学生能够运用成本模型、存货模型、随机模型确定最佳现金持有量，能够运用信用条件、收账政策等相关知识作出信用政策决策，能够运用存货持有成本等相关知识作出存货管理决策。

第一节　现金管理

关键知识点

一、成本模型

1.含义

成本分析模式是通过分析持有现金的成本，寻找使持有成本最低的现金持有量。

2.现金持有成本(见表 6-1)

表 6 1　机会成本、管理成本、短缺成本

成本种类	含义	与现金持有量的关系
机会成本	占用现金的代价，表现为因持有现金不能将其投资到生产经营领域而丧失的收益	同向变化关系
管理成本	管理现金的各种开支，如管理人员工资、安全措施费等(属于固定成本)	无明显的比例关系

续表

成本种类	含义	与现金持有量的关系
短缺成本	缺乏必要的现金，不能应付业务开支所需，而使企业蒙受的损失或为此付出的代价	反向变化关系

3.决策原则

根据现金持有总成本最低时的现金持有量，即机会成本、管理成本和短缺成本之和最低时的现金持有量决策(一般情况下，管理现金的成本为固定成本，因此使得机会成本和短缺成本之和最小即是最佳现金持有量)。

二、存货模型

1.含义

存货模式是通过分析机会成本与交易成本(没有考虑短缺成本)，寻找使这两者总成本最低的现金持有量。

2.需考虑的相关成本(见表6-2)

表6-2　机会成本、交易成本

相关成本	含义	与现金持有量的关系
机会成本	占用现金的代价，表现为因持有现金不能将其投资到生产经营领域而丧失的收益	同向变化关系
交易成本	企业每次以有价证券转换回现金是要付出代价的(如支付的手续费用)	与现金的平均持有量成反比

3.最佳现金持有量的确定(决策)

已知一定期间(比如1年)的现金需求量，最佳现金持有量的计算如下：

$$交易次数=现金需求量(T)\div现金持有量(C)$$

$$交易成本=交易次数(\frac{T}{C})\times每次交易成本(F)$$

$$=现金需求量\div现金持有量\times每次交易成本(F)$$

$$机会成本=平均现金持有量\times机会成本率=\frac{C}{2}\times K$$

当机会成本=交易成本时，现金持有量为最佳现金持有量C^*，即：

$$C^*=\sqrt{\frac{2\times T\times F}{K}}$$

此时最小相关总成本为：

$$TC(C^*)=\sqrt{2\times T\times F\times K}$$

式中，T 表示一定期间的现金需求量；F 表示每次的交易成本；K 表示持有现金的机会成本率。

三、随机模型

1.基本原理

企业根据历史经验数据和现实的客观需求，测算出现金持有量的控制范围，将现金量控制在控制范围的上下限之内，都是合理的。

(1)达到上限：货币资金→有价证券。

(2)达到下限：有价证券→货币资金。

(3)两极之间：现金持有量处于合理的水平，无须进行调整。

2.应用前提

企业的现金未来需求总量和收支不可预测，此法计算出来的现金持有量比较保守。

3.决策计算公式(即确定需要转换的金额)

现金返回线公式为：

$$R=\sqrt[3]{\frac{3b\delta^2}{4i}}+L$$

现金存量的上限(H)的计算公式为：

$$H=3R-2L$$

式中，b 表示每次的转换成本(证券转换为现金或现金转换为证券的成本)；i 表示有价证券的日利息率(以日为基础计算的现金机会成本)；δ 表示预期企业每日现金流量变化的标准差(可根据历史资料测算)；L 表示现金存量的下限。

实训资料与要求

一、选择题

1.运用成本模型确定企业最佳现金持有量时，现金持有量与持有成本的表述，正确的是(　　)。

A.现金持有量越小，总成本越大

B.现金持有量越大，机会成本越大

C.现金持有量越小，短缺成本越大

D.持有成本中管理成本为固定成本

2.在利用成本模型进行最佳现金持有量决策时，下列成本因素中应该被考虑在内的是(　　)。

A.交易成本　　B.短缺成本　　C.筹资成本　　D.机会成本

3.墨金公司预计每月现金需要量为300,000元，每次转换有价证券的交易成本为100元，有价证券的月利率为1%，则根据存货模式，每月有价证券的最佳交易次数为(　　)次。

A.3.87　　B.3　　C.4.5　　D.4.37

4.某企业根据现金持有量随机模型进行现金管理。已知现金最低持有量为15万元，现金余额回归线为80万元。如果公司现有现金220万元，此时应当投资于有价证券的金额是(　　)万元。

A.85　　B.105　　C.140　　D.205

5.大华公司的现金部经理决定最低现金控制线为20,000元，估计该公司每日现金流量的标准差为600元，持有现金的年机会成本为9%，每次的转换成本 T 为210元，则下列结论正确的有(　　)。(一年按360天计算；计算结果保留整数)

A.现金回归线为6,098元

B.现金回归线为26,098元

C.最高控制线为38,294元

D.最高控制线为19,294元

二、计算题

1.墨金公司使用存货模型确定最佳现金持有量。根据相关资料分析，2022年该公司全年现金需求量为6,400万元，每次现金转换的成本为0.2万元，持有现金的机会成本率为10%。

要求：

(1)计算墨金公司2022年最佳现金持有量。

(2)计算墨金公司2022年最佳现金持有量下的现金转换次数。

(3)计算墨金公司2022年最佳现金持有量下的现金交易成本。

(4)计算墨金公司2022年最佳现金持有量下持有现金的机会成本。

(5)计算墨金公司2022年最佳现金持有量下的相关总成本。

2.某公司现金收支平稳，预计全年(按360天计算)现金需要量为720,000

元，现金与有价证券的转换成本为每次 300 元，有价证券年均收益率为 6%。该公司使用存货模型确定最佳现金持有量。

要求：

(1)计算该公司最佳现金持有量。

(2)计算该公司最佳现金持有量下的最低现金管理相关总成本。

(3)计算该公司最佳现金持有量下的全年现金交易成本、有机会成本。

(4)计算该公司最佳现金持有量下全年有价证券交易次数、有价证券交易间隔期。

3.甲公司管理层综合考虑多种因素确定该公司的最低现金余额为 5,000 元，有价证券年利率为 9%，每次证券转换的交易成本为 400 元。公司每日现金余额波动的可能情况见表 6-3，假设一年按 360 天计算。该公司使用随机模型考虑现金持有量。

表 6-3　每日现金余额波动

概率	0.2	0.5	0.2	0.1
现金(元)	5,000	20,000	35,000	50,000

要求：

(1)计算甲公司现金回归线和现金存量的上限(结果保留整数)。

(2)若此时现金余额为 9 万元，应如何调整现金。

(3)若此时现金余额为 20 万元，应如何调整现金。

第二节　应收账款管理

关键知识点

一、应收账款信用政策

1.信用标准

信用标准指信用申请者(通常指客户)获得企业提供信用所必须达到的最低信用水平，通常以预期的企业坏账损失率作为判别标准。

2.信用条件

信用条件是销货企业要求赊购客户支付货款的条件，由信用期限、折扣期限和现金折扣三个要素组成,折扣期限和现金折扣构成折扣条件。

3.收账政策

收账政策是当申请者违反信用条件时,企业采取的收账策略。

(1)积极的收账政策:减少应收账款投资和坏账损失,但要增加收账成本。

(2)消极的收账政策:增加应收账款投资和坏账损失,但会减少收账成本。

4.信用政策的决策

决策的基本原则:对比增加的盈利和增加的成本费用。

(1)计算增加的盈利(见表6-4)

表6-4 增加的盈利

	计算方法
增加的盈利	销售利润=边际贡献-固定成本 =销售量×单位边际贡献-固定成本 =销售量×(单价-单位变动成本)-固定成本

(2)计算增加的成本费用(见表6-5)

表6-5 增加的成本费用

<table>
<tr><th></th><th>项目</th><th colspan="2">计算方法</th></tr>
<tr><td rowspan="6">增加的成本费用</td><td rowspan="3">应收账款成本</td><td>机会成本</td><td>应收账款占用资金的应计利息
=应收账款占用资金×资本成本
=应收账款平均余额×变动成本率×资本成本
=日销售额×平均收现期×变动成本率×资本成本</td></tr>
<tr><td colspan="2">管理成本(收账费用)</td></tr>
<tr><td colspan="2">坏账成本</td></tr>
<tr><td>存货占用资金应计利息</td><td colspan="2">存货平均占用资金(存货平均余额)×资金成本</td></tr>
<tr><td>应付账款占用资金的应计利息(成本的抵减项)</td><td colspan="2">应付账款占用资金(应付账款平均余额)×资金成本(应付账款节省的机会成本)</td></tr>
<tr><td>折扣成本</td><td colspan="2">销售额×折扣率×享受折扣的客户比例</td></tr>
</table>

表 6-5 中平均收现期(周转天数)的确定如下：

①没有现金折扣条件：平均收现期＝信用期。

②有现金折扣条件：用加权平均数作为平均收账天数，平均收现期＝∑折扣期×享受折扣的客户比例＋信用期×不享受折扣的客户比例。

二、应收账款的监控(见表 6-6)

表 6-6 应收账款的监控方法

方法	应用
应收账款周转天数 (衡量企业多长时间收回应收账款)	将企业当前的应收账款周转天数与规定的信用期限、历史趋势以及行业正常水平进行比较可以反映企业整体的收款效率。 $\text{应收账款周转天数}=\dfrac{\text{应收账款平均余额}}{\text{平均日销售额}}$ 平均逾期天数＝应收账款周转天数－平均信用期天数
账龄分析表 (确定应收账款分布模式)	账龄分析表将应收账款划分为未到信用期的应收账款和以 30 天为间隔的逾期应收账款； 账龄分析法可以确定逾期应收账款，随着逾期时间的增加，应收账款收回的可能性变小
应收账款账户余额的模式 (未偿还百分比)	企业收款的历史决定了其正常的应收账款余额的模式： (1)通过将当前的模式和过去的模式进行对比，评价应收账款余额模式的任何变化； (2)计划应收账款金额水平，衡量应收账款的收账效率以及预测未来的现金流
ABC 分析法 (抓重点，照顾一般)	将企业的所有欠款客户按其金额的多少进行分类排队，确定重点监控对象，分别采用不同的收账策略，一方面能加快应收账款收回，另一方面能将收账费用与预期收益联系起来

实训资料与要求

一、选择题

1.某企业预计下年度销售净额为 1,800 万元，应收账款周转天数为 90 天

(一年按 360 天计算),变动成本率为 60%,资本成本为 10%,则应收账款的机会成本是(　　)万元。

A.27　　B.36　　C.152　　D.168

2.假设某企业预测的年销售额为 2,000 万元,应收账款平均收账天数为 45 天,变动成本率为 60%,资金成本率为 8%,一年按 360 天计算,则应收账款占用资金应计利息为(　　)万元。

A.258　　B.160　　C.25　　D.12

3.在企业生产经营过程中,应收账款所发挥的作用有(　　)。

A.增加现金　　B.减少存货　　C.增加销售　　D.减少借款

4.与应收账款机会成本大小有关的因素有(　　)

A.应收账款平均余额　　B.边际贡献率

C.变动成本率　　D.资本成本率

5.企业的应收账款信用政策包括(　　)。

A.信用标准　　B.信用条件　　C.收账政策　　D.商业折扣

6.下列关于应收账款的监控说法正确的有(　　)。

A.应收账款账户余额的模式反映一定期间(如一个月)的赊销额,在发生赊销的当月月末及随后的各月仍未偿还的百分比

B.在 ABC 分析法下,企业应对 A 类客户发出通知其付款的信函即可

C.账龄分析表比计算应收账款周转天数更能揭示应收账款变化趋势,因为应收账款周转天数仅仅是一个平均数

D.应收账款周转天数=应收账款平均余额/平均日销售额

二、计算题

1.墨金公司 2021 年采用“N/30”的信用条件,全年销售额(全部为赊销)为 10,000 万元,平均收现期为 40 天。2022 年初,墨金公司为了尽快收回货款,提出了“2/10,N/30”的信用条件。新的折扣条件对销售额没有影响,但坏账损失和收账费用共减少 200 万元。预计占销售额一半的客户将享受现金折扣优惠,享受现金折扣的客户均在第 10 天付款;不享受现金折扣的客户,平均付款期为 40 天。墨金公司的资本成本为 15%,变动成本率为 60%。假设一年按 360 天计算,不考虑增值税及其他因素的影响。

要求:

(1)计算该公司信用条件改变引起的现金折扣成本的增加额。

(2)计算该公司信用条件改变后的应收账款平均收现期。

(3)计算该公司信用条件改变引起的应收账款机会成本的增加额。

(4)计算该公司信用条件改变引起的税前利润增加额。

(5)判断该公司提供现金折扣的信用条件是否可行,并说明理由。

2.甲公司2021年度全年营业收入为4,500万元(全部为赊销收入),应收账款平均收现期为60天。公司产品销售单价为500元/件,单位变动成本为250元/件,若将应收账款所占用的资金用于其他风险投资,可获得的收益率为10%。2022年公司调整信用政策,全年销售收入(全部为赊销收入)预计增长40%,应收账款平均余额预计为840万元。假定全年按照360天计算。

要求:

(1)计算该公司2021年应收账款平均余额。

(2)计算该公司2021年变动成本率。

(3)计算该公司2021年应收账款的机会成本。

(4)计算该公司2022年预计的应收账款的周转率和应收账款周转天数。

3.甲公司是医疗器械销售的公司,有关资料如下:

资料一:2021年第一至四季度的销售额分别为3,800万元、1,500万元、2,500万元和3,000万元。

资料二:销售额的收款进度为销售当季度收款40%,次季度收款30%,第三个季度收款20%,第四个季度收款10%。

资料三:现行信用条件为70天按全额付款。

资料四:公司预计2022年销售收入为14,400万元,公司为了加快资金周转决定对应收账款采取两项措施:(1)设置现金折扣,预计可使2021年年末应收账款周转天数(按年末应收账款数计算)比上年减少10天;(2)将2021年年末的应收账款全部进行保理,保理资金回收比率为90%(假设一年按360天计算)。

要求:

(1)测算甲公司2021年年末的应收账款余额合计。

(2)测算甲公司2021年公司应收账款的平均逾期天。

(3)测算甲公司2021年第四季度的现金流入合计。

(4)测算甲公司2022年年末应收账款保理资金回收额。

第三节 存货管理

关键知识点

一、存货的成本

存货的成本具体内容见表 6-7。

表 6-7 存货的成本

	具体内容	
取得成本 $TCa=F_1+(\frac{D}{Q})K+DU$	订货成本	固定订货成本(与订货次数无关)
		变动订货成本(与订货次数有关,如取得成本差旅费)
	购置成本	存货本身的价值(单价×数量)
储存成本 $TCc=F_2+(\frac{Q}{2})\times K_c$	固定储存成本	与存货数量无关,如仓库折旧、仓库职工的固定工资等
	变动储存成本	与存货数量有关,如存货资金的应计利息、存货的破损和变质损失、保险费用等
缺货成本 TCs	由于材料供应中断造成的停工损失、产成品库存缺货造成的拖欠发货损失和丧失销售机会的损失及造成的商誉损失等	

二、最优存货量的确定

1.经济订货基本模型

(1)假设

①存货总需求量是已知常数(D 一定);

②不存在订货提前期,即可以随时补充存货;

③货物是一次性入库(不存在陆续供应的情况);

④单位货物成本为常数,无批量折扣(U 一定);

⑤库存储存成本与库存水平呈线性关系(K_c 一定)

⑥货物是一种独立需求的物品，不受其他货物影

⑦不允许缺货，即无缺货成本（TCs 为 0）。

（2）经济订货批量

经济订货批量变动订货成本与变动储存成本之和达到最小值（或使二者相等）时的每次订货批量，即：

相关总成本＝变动订货成本＋变动储存成本

＝年订货次数×每次订货成本＋年平均库存×单位变动储存成本

$$=(\frac{D}{Q})\times K+(\frac{Q}{2})\times K_c$$

当 $(\frac{D}{Q})\times K=(\frac{Q}{2})\times K_c$ 时，所求得的 Q 为经济订货批量，则：

$$经济订货批量(Q^*)=\sqrt{\frac{2KD}{K_c}}$$

（3）其他相关指标

$$每年最佳订货次数=\frac{存货年需求总量}{经济订货批}$$

$$最佳订货周期(天数)=\frac{360}{每年最佳订货次数}$$

$$经济订货批量平均占用资金=\frac{经济订货批量}{2}\times 存货单价$$

$$与经济订货批量相关的存货总成本\ TC(Q^*)=\sqrt{2KDK_c}$$

$$经济订货批量下的变动订货成本=变动储存成本=\frac{\sqrt{2KDK_c}}{2}$$

2.经济订货基本模型的扩展

（1）再订货点（何时给供应商下单）

$$R=L\times d$$

其中，R 表示再订货点，L 表示平均交货时间，d 表示每日平均需用量。

订货提前期对经济订货量并无影响，每次订货批量、订货次数、订货间隔时间等与瞬时补充相同。

（2）存货陆续供应和使用模型（通常适用于自制存货的批量确定）

①基本原理。设每批订货数为 Q，每日送货量为 p，每日耗用量 d。

②相关成本计算如下：

$$变动订货成本=年订货次数\times 每次订货成本=\frac{D}{Q}\times K$$

变动储存成本＝年平均库存量×单位存货的年储存成本

$$=\frac{Q}{2}\times(1-\frac{d}{p})\times K_c$$

③存货陆续供应和使用的经济订货批量公式为：

$$Q^*=\sqrt{\frac{2KD}{K}\times\frac{P}{(P-d)}}=\sqrt{\frac{2KD}{K\times\left(1-\frac{d}{P}\right)}}$$

存货陆续供应和使用的经济订货批量总成本公式为：

$$TC(Q^*)=\sqrt{2KDK_e\times\left(1-\frac{d}{P}\right)}$$

(3)其他相关产指标

每年最佳订货次数＝$\frac{\text{存货年需求总量}}{\text{经济订货批量}}$

最佳订货周期＝$\frac{360}{\text{每年最佳订货次数}}$

经济订货批量下的变动订货成本＝变动储存成本

$$=\frac{1}{2}\times\sqrt{2KDK_e\times\left(1-\frac{d}{P}\right)}$$

3.保险储备

(1)含义

在交货期内，如果对存货的需求量很大，或交货时间由于某种原因被延误，企业可能发生缺货。为防止存货中断，再订货点应等于交货期内的预计需求与保险储备之和，即：

再订货点＝预计交货期内的需求＋保险储备

(2)决策原理

最佳的保险储备应该是使缺货损失和保险储备的储存成本之和达到最低。

储备太多：储存成本＝保险储备×单位变动储存成本。

储备太小：缺货成本＝每次的缺货量×单位缺货成本×订货次数。

其中，每次的缺货量是各种可能的缺货量以其出现的概率为权数的加权平均值。

实训资料与要求

一、选择题

1.下列各项中,属于存货变动储存成本的有(　　)。

A.存货占用资金的应计利息　　B.存货的破损和变质损失

C.存货的保险费用　　D.存货储备不足而造成的损失

2.根据存货的经济订货基本模型,影响经济订货批量的因素是(　　)。

A.购置成本　　B.每次订货变动成本

C.固定储存成本　　D.缺货成本

3.某企业全年需要某零件 3,600 件,均衡耗用。全年生产时间为 360 天,根据经验,该零件从发出订单到进入可使用状态一般需要 8 天,保险储备为 100 件,则再订货点为(　　)件。

A.80　　B.100　　C.300　　D.160

4.在存货订货量决策中,下列关于保险储的表述正确的有(　　)。

A.保险储备增加,存货的缺货损失减小

B.保险储备增加,存货中断的概率变小

C.保险储备增加,存货的再订货点降低

D.保险储备增加,存货的储存成本提高

5.根据经济订货基本模型,下列各项中,会引起经济订货批量减少的有(　　)。

A.每次订货费用降低　　B.每次订货费用提高

C.每期单位存货储存费降低　　D.每期单位存货储存费提高

二、计算题

1.假设甲企业每年所需的原材料为 80,000 千克,单位成本为 15 元/千克。每次订货的变动成本为 20 元,单位变动储存成本为 0.8 元/千克。一年按 360 天计算。

要求:

(1)计算甲企业经济订货批量。

(2)计算甲企业每年最佳订货次数。

(3)计算甲企业最佳订货周期。

(4)计算甲企业经济订货量平均占用资金。

(5)计算甲企业与经济订货批量相关的存货总成本。

(6)计算甲企业在经济订货批量下,变动订货成本和变动储存成本。

2.甲公司是A产品的分销商,主要业务是采购并向固定客户供应产品。有关资料如下:

(1)A产品上一年订货次数为60次,全年订货成本为80万元,其中固定成本总额为26万元,其余均为变动成本。单位变动成本和固定成本总额不变。

(2)A产品仓储总费用中,每年固定租金为120万元,每增加一件产品就增加1元仓储费。每件产品的占用资金为50元,资金利息率为6%。

(3)A产品年需要量为180万件。一年按照一年按照360天计算。

(4)该标准件从发出订单到货物送达需要6天。

要求:

(1)计算A产品每次订货变动成本。

(2)计算A产品单位变动储存成本。

(3)根据经济订货模型,计算该A产品的经济订货批量和最佳订货周期(按天表示)。

(4)计算A产品再订货点。

3.甲公司是一家制造类企业,全年平均开工250天。为生产产品,全年需要购买A材料250,000件,该材料进货价格为150元/件,每次订货需支付运费。订单处理费等变动费用500元,材料年储存费率为10元/件。A材料平均交货时间为5天。该公司A材料满足经济订货基本模型各项前提条件。

要求:

(1)利用经济订货基本模型,计算A材料的经济订货批量和全年订货次数。

(2)计算按经济订货批量采购A材料的年存货总成本。

(3)计算A材料每日平均需用量和再订货点。

第七章　收入与利润分配管理

实训目标

通过教学和实训，学生能够运用销售预测分析方法和销售定价管理方法进行销售量的预测和销售价格定价决策，能够运用各种股利分配政策的特点及其原理作出相关决策。

第一节　收入管理

关键知识点

一、收入管理的内涵

收入管理是在不同的时期对具有不同需求的顾客采取不同的产品或服务定价，以产生最大收入或收益的综合计划策略。收入管理的内容包括销售量预测和销售定价两个方面。

二、销售预测分析

1.销售预测的定性分析法

销售预测的定性分析法包括营销员判断法、专家判断法、产品寿命周期分析法等。

2.销售预测的定量分析法

(1)趋势预测分析法

①算术平均法:适用于每期销售量波动不大的产品的销售预测,公式如下:

$$Y=\frac{\sum X_i}{n}$$

其中,Y 代表销售预测值,X_i 代表第 i 期的实际销售量,n 表示期数。

②加权平均法:近期数据参考性强,权数选取遵循"近大远小"的原则,公式如下:

$$Y=\sum_{i=1}^{n}W_iX_i$$

其中,Y 代表预测值,W_i 表示第 i 期的权数,X_i 表示第 i 期的实际销售量,n 表示期数。

③移动平均法(算术平均法的变形):适用于销售量略有波动的产品预测。

正常移动平均:假设预测值主要受最近 m 期销售量的影响,从 n 期的时间数列销售量中选取 m 期(m 数值固定,且 $m<\frac{n}{2}$)数据作为样本值,求其 m 期的算术平均数,并不断向后移动计算观测其平均值,以最后一个 m 期的平均数作为未来第 $n+1$ 期销售预测值,即:

$$Y_{n+1}=\frac{X_{n-(m-1)}+X_{n-(m-2)}+\cdots+X_{n-1}+X_n}{m}$$

修正移动平均:为使预测值更能反映销售量变化的趋势,可以对上述公式按趋势值进行修正,其计算公式为:

$$Y_{n+1}=Y_{n+1}+(Y_{n+1}-Y_n)\text{(正常移动+两年预测之差)}$$

移动平均法的缺点是只选用了 n 期数据中的最后 m 期作为计算依据,代表性较差。

④指数平滑法。指数平滑法实质上是一种加权平均法,是以事先确定的平滑指数 a 及 $(1-a)$ 作为权数进行加权计算,预测销售量的一种方法,公式如下:

$$Y_{n+1}=aX_n+(1-a)Y_n$$

其中,Y_{n+1} 表示 $n+1$ 期预测值,Y_n 表示第 n 期预测值,X_n 表示第 n 期的实际销售量,a 表示平滑指数,n 表示期数。

一般地,平滑指数 a 取值为 0.3~0.7。采用较大的平滑指数 a,预测值可以反映样本值新近的变化趋势，适用销量波动较大或短期预测。采用较小的平滑指数 a，则反映了样本值变动的长期趋势，适用销售量波动较小或进行长期预测。

指数平滑法比较灵活，适用范围较广，但在平滑指数的选择上具有一定的主观随意性。

(2)因果预测分析法

因果预测分析法是通过影响产品销售量(因变量)的相关因素(自变量)以及它们之间的函数关系，并利用这种函数关系进行产品销售预测的方法。

因果预测分析最常用的是回归分析法，如回归直线方法，即假设产品销售量(y)与其影响因素(x)之间存在线性变动关系($y=a+bx$)，其中常数项 a 和系数 b 计算公式为：

$$a=\frac{\sum y-b\sum x}{n}$$

$$b=\frac{n\sum xy-\sum x\sum y}{n\sum x^2-\left(\sum x\right)^2}$$

三、销售定价管理

1.以成本为基础的定价方法

(1)定价基础(见表 7-1)

表 7-1　定价基础

定价基础	含义
变动成本	在特定的业务量范围内，其总额会随业务量的变动而变动的成本
制造成本	企业为生产产品或提供劳务等发生的直接费用支出，一般包括直接材料、直接人工和制造费用
全部成本费用(制造成本＋期间费用)	企业为生产、销售一定种类和数量的产品所发生的所有成本和费用总额，包括制造成本和管理费用、销售费用及财务费用等各种期间费用

(2)定价方法(见表 7-2)

表 7-2　定价方法

具体方法		含义	基本公式
全部成本费用加成定价		成本利润率定价	$单位产品价格=\frac{单位成本(1+成本利用率)}{1-使用税率}$
		销售利润率定价	$单位产品价格=\frac{单位成本}{1-销售利润率-适用税率}$
保本点定价		利润为 0	$单位产品价格=\frac{单位固定成本+单位变动成本}{1-适用税率}=\frac{单位完全成本}{1-适用税率}$
目标利润定价法		根据预期目标利润和产品销售量、产品成本、适用税率等因素来确定产品销售价格,即令利润等于目标利润时的价格	$单位产品定价=\frac{单位目标利润+单位完全成本}{1-适用税率}$
变动成本定价法		企业在生产能力有剩余的情况下(增加的产品不会影响固定成本)增加生产一定数量的产品,这些增加的产品可以不负担企业的固定成本,只负担变动成本	$单位产品价格=\frac{单位变动成本(1+成本利润率)}{1-适用税率}$

2.以市场需求为基础的定价方法

(1)需求价格弹性系数定价法

在其他条件不变的情况下,某种产品的需求量随其价格的升降而变动的程度,就是需求价格弹性系数,公式如下:

$$需求价格弹性系数\ E=\frac{\Delta Q/Q_0}{\Delta P/P_0}$$

$$预计产品价格\ P=\frac{P_0Q_0^{(1/|E|)}}{Q^{(1/|E|)}}$$

(2)边际分析定价法

边际收入等于边际成本时,边际利润等于 0,这时利润最大(注意不是利润等于 0),销售价格是最优价格。当"边际收入=边际成本"或"边际利润=0"时,利润最大，此时的价格就是最优销售价格。

实训资料与要求

一、选择题

1.下列销售预测方法中，属于因果预测分析的是（　　）。

A.指数平衡法　　B.移动平均法

C.专家小组法　　D.回归直线法

2.下列各项销售预测方法中，属于定性预测方法的是（　　）。

A.因果关系预测法　　B.德尔菲法

C.加权平均法　　D.指数平滑法

3.某公司采用指数平滑法预测销售量，平滑指数为 0.6。2020 年实际销售量为 3,000 件，原预测销售量为 2,800 件。则该公司 2021 年的预计销售量为（　　）件。

A.2,900　　B.2,920　　C.2,880　　D.3,480

4.下列关于销售预测的指数平滑法的表述中，正确的是（　　）。

A.平滑指数的取值通常在 0～1

B.采用较大的平滑指数，销售预测值可以反映样本值变动的长期趋势

C.在进行短期预测时，可选择较大的平滑指数

D.在销售量波动较大时，可选择较小的平滑指数

5.下列关于销售预测的趋势预测分析法的表述中，正确的有（　　）。

A.算术平均法适用于每期销售量波动不大的产品的销售预测

B.在加权平均法下，离预测期越近的样本值，赋予的权数越大

C.移动平均法的代表性较好，适用于销售量波动较大的产品预测

D.在指数平滑法下，平滑指数的选择具有一定的主观随意性

6.某企业生产 A 产品，本期计划销售量为 10,000 件，应负担的固定成本总额为 250,000 元，单位产品变动成本为 70 元，适用的消费税税率为 5%，根据上述资料，运用保本点定价法测算的单位 A 产品的价格应为（　　）元。

A.70　　B.95　　C.25　　D.100

7.某商业企业销售 A 商品，已知单位产品的制造成本为 200 元，单位产品的期间费用为 50 元，销售利润率不能低于 15%，该产品适用的消费税税率为 5%，那么，运用销售利润率定价法，该企业的单位产品价格为（　　）元。

A.250　　B.312.5　　C.62.5　　D.302.6

二、计算题

1.某企业生产丁产品，设计生产能力为1,200件，计划生产1,000件，预计单位产品的变动成本为190元，计划期的固定成本费用总额为95,000元，该产品适用的消费税税率为5%，成本利润率必须达到20%。假定本年度接到一额外订单，订购1,000件丁产品，单价300元。请问：该企业计划内产品单位价格是多少？是否应接受这一额外订单？

2.墨金公司生产甲、乙、丙三种产品，预计甲产品的单位制造成本为100元，计划销售10,000件，计划期的期间费用总额为900,000元；乙产品的计划销售量为8,000件（设计生产能力为10,000件），应负担的固定成本总额为220,000元，单位变动成本为65元；丙产品本期计划销售量为12,000件，目标利润总额为280,000元，完全成本总额为540,000元；公司要求成本利润率必须达到20%，这三种产品适用的消费税税率均为5%。

要求：

(1)运用全部成本费用加成定价法计算单位甲产品的价格。

(2)运用保本点定价法计算乙产品的单位价格。

(3)运用目标利润法计算丙产品的单位价格。

(4)运用变动成本定价法计算乙产品的单位价格。

(5)如果接到一个额外订单，订购2,000件乙产品，单价120元，请回答是否应该接受这个订单，并说明理由。

第二节　利润分配管理

关键知识点

一、利润分配管理的内涵

财务管理中的利润分配主要指企业的净利润分配，利润分配的实质就是确定给投资者分红与企业留用利润的比例。企业实现利润是利润分配的前提。利润是企业在一定会计期间的经营成果。利润包括收入减去费用后的净额、直接计入当期利润的利得和损失等。

利润分配的政策包括剩余股利政策、固定或稳定增长的股利政策、固定股利支付率政策及低正常股利加额外股利政策。

二、剩余股利政策(公司利益＞股东利益)

1.含义

公司在有良好的投资机会时，根据目标资本结构，测算出投资所需的权益资本，先从盈余当中留用，然后将剩余的盈余作为股利来分配。

2.理论依据

股利无关理论(也称“MM 理论”)认为，在一定的假设条件限定下，股利政策不会对公司的价值或股票的价格产生任何影响。一个公司的股票价格完全由公司的投资决策的获利能力和风险组合决定，而与公司的利润分配政策无关。该理论是建立在完全市场理论之上的。

3.步骤

①设定目标资本结构，在此资本结构下，公司的加权平均资本成本将达最低水平；

②确定公司的目标资本结构下投资所需的股东权益数额；

③最大限度地使用留存收益来满足资金需求中所需增加的权益资本数额；

④留存收益在满足公司权益资本增加需求后，若还有剩余再用来发放股利。

4.优缺点(见表 7-3)

表 7-3　剩余股利政策优缺点

	内容
优点	留存收益优先满足再投资的权益资金需要(即先不需要外部筹资)，有助于降低再投资的资金成本，保持最佳的资本结构，实现企业价值的长期最大化
缺点	①股利发放额每年随着投资机会和盈利水平的波动而波动； ②不利于投资者安排收入与支出，也不利于公司树立良好的形象

5.适用情况

该政策一般适用于公司初创阶段。

三、固定或稳定增长的股利政策

1.含义

公司将每年派发的股利额固定在某一特定水平或是在此基础上维持某一

固定比率(不是支付率固定)逐年稳定增长。公司只有在确信未来盈余不会发生逆转时才会宣布实施固定或稳定增长的股利政策。

2.优缺点(见表 7-4)

表 7-4 固定或稳定增长的股利政策优缺点

	内容
优点	①稳定的股利向市场传递着公司正常发展的信息,有利于树立公司的良好形象,增强投资者对公司的信心,稳定股票的价格; ②稳定的股利额有助于投资者安排股利收入和支出,有利于吸引那些打算进行长期投资并对股利有很高依赖性的股东; ③考虑到股票市场会受多种因素影响(包括股东的心理状态和其他要求),为了将股利或股利增长率维持在稳定的水平上,即使推迟某些投资方案或暂时偏离目标资本结构,也可能比降低股利或股利增长率更为有利
缺点	①股利的支付与企业的盈利相脱节,可能会导致企业资金紧缺,财务状况恶化; ②在企业无利可分的情况下,若依然实施固定或稳定增长的股利政策,也是违反《公司法》的行为

3.适用情况

该政策适用于经营比较稳定或正处于成长期的企业,但很难被长期采用。

四、固定股利支付率政策

1.含义

公司将每年净利润的某一固定百分比(股利支付率)作为股利分派给股东。

2.优缺点(见表 7-5)

表 7-5 固定股利支付率政策优缺点

	内容
优点	①股利与公司盈余紧密地配合,体现了"多盈多分、少盈少分、无盈不分"的股利分配原则; ②从企业的支付能力的角度看,这是一种稳定的股利政策(对投资者而言是不稳定的)

续表

	内容
缺点	①在收益不稳定的情况下，波动的股利容易给投资者带来经营状况不稳定、投资风险较大的不良印象； ②容易使公司面临较大的财务压力，因为公司实现的盈利多(账面利润)，并不代表公司有足够的现金流用来支付较多的股利额； ③合适的固定股利支付率的确定难度比较大

3.适用情况

该政策适用于处于稳定发展且财务状况也较稳定(充裕的现金流)的公司。

五、低正常股利加额外股利政策

1.含义

公司事先设定一个较低的正常股利额，每年除了按正常股利额向股东发放股利外，还在公司盈余较多、资金较为充裕的年份向股东发放额外股利。

2.优缺点(见表 7-6)

表 7-6　低正常股利加额外股利政策优缺点

	内容
优点	①赋予公司较大的灵活性，使公司在股利发放上留有余地，并具有较大的财务弹性； ②可使依靠股利获得收入的股东每年至少可以得到虽然较低但比较稳定的股利收入，从而吸引这部分股东
缺点	①由于各年度之间公司盈利的波动使得额外股利不断变化，造成分派的股利不同，容易给投资者造成收益不稳定的感觉； ②当公司在较长时间持续发放额外股利后，可能会被股东误认为"正常股利"，一旦取消，传递出的信号可能会使股东认为这是公司财务状况恶化的表现，进而导致股价下跌

3.适用情况

该政策适用于盈利随着经济周期而波动较大，或者盈利与现金流量很不稳定的公司。

实训资料与要求

一、选择题

1.下列股利政策中，根据股利无关理论制定的是(　　)。

A.剩余股利政策　　B.固定股利支付率政策

C.稳定增长股利政策　　D.低正常股利加额外股利政策

2.一般而言，适用于采用固定或稳定增长的股利政策的公司是(　　)。

A.处于初创阶段的公司

B.经营比较稳定或正处于成长期的公司

C.盈利水平波动较大的公司

D.处于稳定发展阶段且财务状况也较稳定的公司

3.下列各项政策中，最能体现"多盈多分、少盈少分、无盈不分"股利分配原则的是(　　)。

A.剩余股利政策　　B.低正常

C.固定股利支付率政策　　D.固定或稳定增长的股利政策

4.下列股利政策中，具有较大财务弹性，且可使股东得到相对稳定股利收入的是(　　)。

A.剩余股利政策　　B.固定或稳定增长的股利政策

C.固定股利支付率政策　　D.低正常股利加额外股利政策

5.下列各项股利政策中，股利水平与当期盈利直接关联的有(　　)。

A.固定股利政策　　B.稳定增长股利政策

C.固定股利支付率政策　　D.低正常股利加额外股利政策

二、计算题

1.某公司 2020 年税后净利润 1,000 万元，根据公司规划，2021 年的投资计划需要资金 1,200 万元，公司的目标资本结构为权益资本占 60%，债务资本占 40%。该公司采用剩余股利政策。

要求：假设公司 2020 年流通在外的普通股为 1,000 万股，则该公司 2020 年应分配的每股股利为多少？

2.某公司成立于 2020 年 1 月 1 日。2020 年度实现的净利润为 1,000 万元，分配现金股利 550 万元，提取盈余公积 450 万元(所提盈余公积均已指定用途)。2021 年度实现的净利润为 900 万元(不考虑计提法定盈余公积的因素)。2022 年计划增加投资，所需资金为 700 万元。假定公司目标资本结构为自有资金占 60%，借入资金占 40%。

要求：

(1)在保持目标资本结构的前提下，计算 2022 年投资方案所需的自有资金金额和需要从外部借入的资金。

(2)在保持目标资本结构的前提下，如果公司执行剩余股利政策，计算 2021 年度应分配的现金股利。

(3)在不考虑目标资本结构的前提下，如果公司执行固定股利政策，计算 2021 年应分配的现金股利、可用于 2022 年投资的留存收益。

(4)在不考虑目标资本结构的前提下，如果公司执行固定股利支付率政策，计算该公司的股利支付率和 2021 年度应分配的现金股利。

(5)假定公司 2022 年面临着从外部筹资的困难，只能从内部筹集筹资，不考虑目标资本结构，计算在此情况下 2021 年度应分配的现金股利。

实训资料与要求
参考答案

第一章　财务管理基础

第二节　货币时间价值

一、选择题

1.C　2.A　3.C　4.C　5.D　6.C　7.D　8.B　9.B　10.A　11.A　12.C
13.B　14.C　15.B　16.D

二、计算题

答：

甲方案：付款总现值 $=24\times(P/A,10\%,5)\times(1+10\%)=24\times3.790,8\times(1+10\%)=100.08$(万元)。

乙方案：付款总现值 $=26\times(P/A,10\%,5)\times(P/F,10\%,1)=26\times3.790,8\times0.909,1=89.60$(万元)。

丙方案：付款总现值 $=25\times(P/A,10\%,5)=25\times3.790,8=94.77$(万元)

通过计算可知，该公司应选择乙方案。

第三节　风险与收益

一、选择题

1.A　2.A　3.B　4.B　5.B　6.BCD　7.C　8.B　9.C　10.B　11.B
12.BCD　13.AB　14.AC

二、计算题

1.答：

(1)资产组合 M 的标准差率＝27.9%÷18%＝1.55。

(2)资产组合 N 的标准差率为 1.2 小于资产组合 M 的标准差率。

(3)设张某应在资产组合 M 上投资的最低比例是 x，则：18%x＋13%×(1－x)＝16%，解得 x＝60%。

因此，为实现期望的收益率，张某应在资产组合 M 上投资的最低比例是 60%。

(4)张某在资产组合 M(高风险)上投资的最低比例是 60%，而在资产组合 N(低风险)上投资的最高比例是 40%；赵某投资于资产组合 M(高风险)和 N(低风险)的资金比例分别为 30%和 70%。由于赵某投资于资产组合 M(高风险)的比例低于张某投资于资产组合 M(高风险)的比例，所以赵某更厌恶风险。

2.答：

(1)①该证券投资组合的期望报酬率＝10%×80%＋18%×20%＝11.6%。②A 证券的标准差＝$\sqrt{0.014,4}$＝0.12。③B 证券的标准差＝$\sqrt{0.04}$＝0.2。④A 证券与 B 证券的相关系数＝0.004,8/(12%×20%)＝0.2，该证券投资组合期望报酬率的标准差＝[(80%×12%)＋(20%×20%)＋2×80%×0.12×20%×0.2×0.2]＝13.75%。

(2)①相关系数的大小对投资组合期望报酬率没有影响。②相关系数越大，投资组合期望报酬率的标准差越大，组合的风险也就越大，反之亦然。

3.答：

(1)30%×20%＋50%×12%＋20%×5%＝13%。

(2)40%×13%＋30%×10%＋30%×8%＝10.6%。

(3)40%×2.5＋30%×1.5＋30%×1＝1.75。

(4)4%＋1.75×(9%－4%)＝12.75%。

值得投资，因为预期收益率大于必要报酬率。

第二章　企业财务分析

第一节　财务分析的基本方法

1.答：

表 2-7　水平分析表

项目	2020 年	2019 年	差异额	差异率
营业收入(百万元)	32,742.77	29,664.67	＋3078.1	＋1.04%

续表

项目	2020 年	2019 年	差异额	差异率
净利润(百万元)	5,511.04	4,173.05	+1,337.99	+3.21%
每股收益	4.32	3.28	+1.04	+3.17%

2.答:

(1)

表 2-9 甲上市公司 2019 年及 2020 年利润水平分析表 单位:元

项目	2020 年度	2019 年度	变动额	变动率
一、营业总收入	32,742,766,763.79	29,664,673,868.68	3,078,092,895.11	10.38%
其中:营业收入	32,742,766,763.79	29,664,673,868.68	3,078,092,895.11	10.38%
二、营业总成本	28,425,124,997.72	26,559,856,210.51	1,865,268,787.21	7.02%
减:营业成本	23,655,878,134.56	21,191,364,351.40	2,464,513,783.16	11.63%
税金及附加	164,628,219.49	143,646,204.75	20,982,014.74	14.61%
销售费用	3,795,034,017.28	4,156,302,856.50	−361,268,839.22	−8.69%
管理费用	860,447,894.33	957,458,573.40	−97,010,679.07	−10.13%
研发费用	181,082,459.62	173,887,854.07	7,194,605.55	4.14%
财务费用	−231,945,727.56	−62,803,629.61	−169,142,097.95	269.32%
其中:利息费用	169,153,698.15	125,582,139.28	43,571,558.87	34.70%
利息收入	419,112,255.11	249,053,463.07	170,058,792.04	68.28%
加:其他收益	178,560,697.88	217,671,644.31	−39,110,946.43	−17.97%
投资收益(损失以"—"号填列)	392,173,282.77	1,470,474,492.25	−1,078,301,209.48	−73.33%
其中:对联营企业和合营企业的投资收益	6,308,122.23	13,267,232.73	−6,959,110.50	−52.45%
以摊余成本计量的金融资产终止确认收益		−2,121,791.71	2,121,791.71	−100.00%

续表

项目	2020年度	2019年度	变动额	变动率
公允价值变动收益(损失以“—”号填列)	2,240,368,643.38	226,835,564.21	2,013,533,079.17	887.66%
信用减值损失(损失以“—”号填列)	−205,456,429.36	−88,199,318.42	−117,257,110.94	132.95%
资产减值损失(损失以“—”号填列)	−125,480,222.61	−200,978,910.75	75,498,688.14	−37.57%
资产处置收益(损失以“—”号填列)	14,195,251.06	12,357,042.96	1,838,208.10	14.88%
三、营业利润(亏损以“—”号填列)	6,812,002,989.19	4,742,978,172.73	2,069,024,816.46	43.62%
加:营业外收入	8,419,140.17	12,321,522.73	−3,902,382.56	−31.67%
减:营业外支出	19,286,621.31	29,111,024.43	−9,824,403.12	−33.75%
四、利润总额(亏损总额以“—”号填列)	6,801,135,508.05	4,726,188,671.03	2,074,946,837.02	43.90%
减:所得税费用	1,290,099,287.03	553,136,699.13	736,962,587.90	133.23%
五、净利润(净亏损以“—”号填列)	5,511,036,221.02	4,173,051,971.90	1,337,984,249.12	32.06%
(一)按经营持续性分类				
1.持续经营净利润(净亏损以“—”号填列)	5,511,036,221.02	4,173,051,971.90	1,337,984,249.12	32.06%
2.终止经营净利润(净亏损以“—”号填列)				

续表

项目	2020 年度	2019 年度	变动额	变动率
（二）按所有权归属分类				
1.归属于母公司股东的净利润	5,516,072,178.81	4,183,727,553.32	1,332,344,625.49	31.85%
2.少数股东损益	−5,035,957.79	−10,675,581.42	5,639,623.63	−52.83%
六、其他综合收益的税后净额	3,181,207.78	−4,082,642.52	7,263,850.30	−177.92%
归属母公司所有者的其他综合收益的税后净额	3,211,105.79	−4,093,473.17	7,304,578.96	−178.44%
归属于少数股东的其他综合收益的税后净额	−29,898.01	10,830.65	−40,728.66	−376.05%
七、综合收益总额	5,514,217,428.80	4,168,969,329.38	1,345,248,099.42	32.27%
归属于母公司所有者的综合收益总额	5,519,283,284.60	4,179,634,080.15	1,339,649,204.45	32.05%
归属于少数股东的综合收益总额	−5,065,855.80	−10,664,750.77	5,598,894.97	−52.50%
八、每股收益：				
（一）基本每股收益	4.32	3.28	1.04	31.71%
（二）稀释每股收益	4.31	3.28	1.03	31.40%

（2）利润表增减变动分析应抓住营业利润、利润总额、净利润这几个关键利润指标的变动情况来分析其变动原因。

3.答：

表 2-11　甲上市公司 2020 年及 2019 年利润垂直分析表　单位：元

	2020 年	2019 年	2020 年(%)	2019 年(%)
营业收入	32,742,766,763.79	29,664,673,868.68	100.00	100.00
营业成本	23,655,878,134.56	21,191,364,351.40	72.25	71.44
营业毛利				
净利润	5,511,036,221.02	4,173,051,971.90	16.83	14.07

从垂直分析表可以看出甲公司 2020 年与 2019 年对比，营业收入、成本增长、净利润有小幅度的增长。

4.答：

(1)

表 2-13　甲上市公司资产负债表水平分析表　金额单位：元

项目	2020 年 12 月 31 日	2019 年 12 月 31 日	变动情况		对总额的影响(%)
			变动额	变动(%)	
货币资金	15,279,726,658.64	12,994,207,213.17	2,285,519,445.47	17.59	4.60
交易性金融资产	11,228,743,395.18	8,821,143,917.42	2,407,599,477.76	27.29	4.85
应收票据	3,027,432,887.80	1,807,934,520.01	1,219,498,367.79	67.45	2.46
应收账款	3,554,161,411.16	2,037,970,725.32	1,516,190,685.84	74.40	3.05
应收款项融资	1,745,893,730.10	1,756,339,025.42	−10,445,295.32	−0.59	−0.02
预付款项	465,297,056.14	577,521,185.51	−112,224,129.37	−19.43	−0.23
其他应收款	287,694,256.58	399,145,021.57	−111,450,764.99	−27.92	−0.22
存货	10,990,346,685.44	11,746,860,527.37	−756,513,841.93	−6.44	−1.52
其他流动资产	2,681,584,113.40	4,560,245,449.01	−1,878,661,335.61	−41.20	−3.78
流动资产合计	49,260,880,194.44	44,701,367,584.80	4,559,512,609.64	10.20	9.18
长期股权投资	328,949,213.47	317,459,883.46	11,489,330.01	3.62	0.02
其他非流动金融资产	963,224,648.53	559,593,307.27	403,631,341.26	72.13	0.81
投资性房地产	547,962.81	664,015.52	−116,052.71	−17.48	0.00

续表

项目	2020年12月31日	2019年12月31日	变动情况		对总额的影响(%)
			变动额	变动(%)	
固定资产	3,096,791,709.20	2,008,669,933.18	1,088,121,776.02	54.17	2.19
在建工程	387,122,275.71	970,290,260.10	−583,167,984.39	−60.10	−1.17
生产性生物资产	1,504,125.00	1,676,025.00	−171,900.00	−10.26	0.00
无形资产	535,125,698.49	538,384,578.65	−3,258,880.16	−0.61	−0.01
商誉	33,303,960.23	33,303,960.23	0.00	0.00	0.00
长期待摊费用	36,111,192.99	45,386,625.33	−9,275,432.34	−20.44	−0.02
递延所得税资产	532,664,553.03	422,354,821.43	110,309,731.60	26.12	0.22
其他非流动资产	43,222,709.10	58,898,123.86	−15,675,414.76	−26.61	−0.03
非流动资产合计	5,958,568,048.56	4,956,681,534.03	1,001,886,514.53	20.21	2.02
资产总计	55,219,448,243.00	49,658,049,118.83	5,561,399,124.17	11.20	11.20
短期借款	1,965,443,134.17		1,965,443,134.17	N/A	3.96
应付票据	1,678,687,548.75	1,653,405,860.53	25,281,688.22	1.53	0.05
应付账款	4,636,890,964.95	4,590,527,407.42	46,363,557.53	1.01	0.09
预收款项	1,883,474.95	1,166,336,746.83	−1,164,453,271.88	−99.84	−2.34
合同负债	2,076,079,331.31		2,076,079,331.31	N/A	4.18
应付职工薪酬	735,837,076.80	455,131,481.05	280,705,595.75	61.68	0.57
应交税费	790,411,608.98	292,923,160.12	497,488,448.86	169.84	1.00
其他应付款	2,585,252,684.20	1,376,254,426.65	1,208,998,257.55	87.85	2.43
其中：应付利息	439,125.00	312,000.00	127,125.00	40.75	0.00
应付股利	86,490,742.04	86,490,742.04	0.00	0.00	0.00
一年内到期的非流动负债	917,928,974.00		917,928,974.00	N/A	1.85
其他流动负债	248,162,846.49	80,000,000.00	168,162,846.49	210.20	0.34
流动负债合计	15,636,577,644.60	9,614,579,082.60	6,021,998,562.00	62.63	12.13

续表

项目	2020年12月31日	2019年12月31日	变动情况		对总额的影响(%)
			变动额	变动(%)	
长期借款	36,600,000.00	3,600,000.00	33,000,000.00	916.67	0.07
应付债券		912,928,974.00	−912,928,974.00	−100.00	−1.84
长期应付款	656,157,151.25	661,012,380.98	−4,855,229.73	−0.73	−0.01
长期应付职工薪酬	4,892,497.07	5,374,509.42	−482,012.35	−8.97	0.00
预计负债	4,796,514.18		4,796,514.18	N/A	0.01
递延收益	234,518,419.30	225,043,669.11	9,474,750.19	4.21	0.02
递延所得税负债	299,954,050.76	133,671,111.43	166,282,939.33	124.40	0.33
其他非流动负债	1,931,554.36	1,931,554.36	0.00	0.00	0.00
非流动负债合计	1,238,850,186.92	1,943,562,199.30	−704,712,012.38	−36.26	−1.42
负债合计	16,875,427,831.52	11,558,141,281.90	5,317,286,549.62	46.00	10.71
股本	1,277,403,317.00	1,277,403,317.00	0.00	0.00	0.00
资本公积	17,655,344,607.55	17,420,060,412.06	235,284,195.49	1.35	0.47
减:库存股	1,807,904,769.04		1,807,904,769.04	N/A	3.64
其他综合收益	71,232.39	−3,139,873.40	3,211,105.79	−102.27	0.01
盈余公积	2,086,406,807.76	1,412,582,111.45	673,824,696.31	47.70	1.36
未分配利润	18,841,228,817.39	17,831,191,285.89	1,010,037,531.50	5.66	2.03
归属于母公司所有者权益合计	38,052,550,013.05	37,938,097,253.00	114,452,760.05	0.30	0.23
少数股东权益	291,470,398.43	161,810,583.93	129,659,814.50	80.13	0.26
所有者权益合计	38,344,020,411.48	38,099,907,836.93	244,112,574.55	0.64	0.49
负债和所有者权益总计	55,219,448,243.00	49,658,049,118.83	5,561,399,124.17	11.20	11.20

评价：根据表2-13可以对甲上市公司总资产变动情况作出分析评价。该公司总资产本期增加5,561,399,124.17元，增长幅度为11.20%，说明甲上市公司本年资产规模有一定幅度的增长。权益总额较上年同期增加5,561,399,124.17元，增长幅度为11.20%，说明甲上市公司本年权益总额有较大幅度的增长。

（2）

表2-14　甲上市公司资产负债表垂直分析表　　金额单位：元

项目	2020年12月31日	2019年12月31日	2020年（%）	2019年（%）	变动情况（%）
货币资金	15,279,726,658.64	12,994,207,213.17	27.67	26.17	1.50
交易性金融资产	11,228,743,395.18	8,821,143,917.42	20.33	17.76	2.57
应收票据	3,027,432,887.80	1,807,934,520.01	5.48	3.64	1.84
应收账款	3,554,161,411.16	2,037,970,725.32	6.44	4.10	2.33
应收款项融资	1,745,893,730.10	1,756,339,025.42	3.16	3.54	－0.38
预付款项	465,297,056.14	577,521,185.51	0.84	1.16	－0.32
其他应收款	287,694,256.58	399,145,021.57	0.52	0.80	－0.28
存货	10,990,346,685.44	11,746,860,527.37	19.90	23.66	－3.75
其他流动资产	2,681,584,113.40	4,560,245,449.01	4.86	9.18	－4.33
流动资产合计	49,260,880,194.44	44,701,367,584.80	89.21	90.02	－0.81
长期股权投资	328,949,213.47	317,459,883.46	0.60	0.64	－0.04
其他非流动金融资产	963,224,648.53	559,593,307.27	1.74	1.13	0.62
投资性房地产	547,962.81	664,015.52	0.00	0.00	0.00
固定资产	3,096,791,709.20	2,008,669,933.18	5.61	4.05	1.56
在建工程	387,122,275.71	970,290,260.10	0.70	1.95	－1.25
生产性生物资产	1,504,125.00	1,676,025.00	0.00	0.00	0.00
无形资产	535,125,698.49	538,384,578.65	0.97	1.08	－0.12
商誉	33,303,960.23	33,303,960.23	0.06	0.07	－0.01
长期待摊费用	36,111,192.99	45,386,625.33	0.07	0.09	－0.03
递延所得税资产	532,664,553.03	422,354,821.43	0.96	0.85	0.11
其他非流动资产	43,222,709.10	58,898,123.86	0.08	0.12	－0.04

续表

项目	2020 年 12 月 31 日	2019 年 12 月 31 日	2020 年（%）	2019 年（%）	变动情况（%）
非流动资产合计	5,958,568,048.56	4,956,681,534.03	10.79	9.98	0.81
资产总计	55,219,448,243.00	49,658,049,118.83	100.00	100.00	0.00
短期借款	1,965,443,134.17		3.56	0.00	3.56
应付票据	1,678,687,548.75	1,653,405,860.53	3.04	3.33	－0.29
应付账款	4,636,890,964.95	4,590,527,407.42	8.40	9.24	－0.85
预收款项	1,883,474.95	1,166,336,746.83	0.00	2.35	－2.35
合同负债	2,076,079,331.31		3.76	0.00	3.76
应付职工薪酬	735,837,076.80	455,131,481.05	1.33	0.92	0.42
应交税费	790,411,608.98	292,923,160.12	1.43	0.59	0.84
其他应付款	2,585,252,684.20	1,376,254,426.65	4.68	2.77	1.91
其中:应付利息	439,125.00	312,000.00	0.00	0.00	0.00
应付股利	86,490,742.04	86,490,742.04	0.16	0.17	－0.02
一年内到期的非流动负债	917,928,974.00		1.66	0.00	1.66
其他流动负债	248,162,846.49	80,000,000.00	0.45	0.16	0.29
流动负债合计	15,636,577,644.60	9,614,579,082.60	28.32	19.36	8.96
长期借款	36,600,000.00	3,600,000.00	0.07	0.01	0.06
应付债券		912,928,974.00	0.00	1.84	－1.84
长期应付款	656,157,151.25	661,012,380.98	1.19	1.33	－0.14
长期应付职工薪酬	4,892,497.07	5,374,509.42	0.01	0.01	0.00
预计负债	4,796,514.18		0.01	0.00	0.01
递延收益	234,518,419.30	225,043,669.11	0.42	0.45	－0.03
递延所得税负债	299,954,050.76	133,671,111.43	0.54	0.27	0.27
其他非流动负债	1,931,554.36	1,931,554.36	0.00	0.00	0.00
非流动负债合计	1,238,850,186.92	1,943,562,199.30	2.24	3.91	－1.67
负债合计	16,875,427,831.52	11,558,141,281.90	30.56	23.28	7.29
股本	1,277,403,317.00	1,277,403,317.00	2.31	2.57	－0.26

续表

项目	2020年12月31日	2019年12月31日	2020年（%）	2019年（%）	变动情况（%）
资本公积	17,655,344,607.55	17,420,060,412.06	31.97	35.08	－3.11
减：库存股	1,807,904,769.04		3.27	0.00	3.27
其他综合收益	71,232.39	－3,139,873.40	0.00	－0.01	0.10
盈余公积	2,086,406,807.76	1,412,582,111.45	3.78	2.84	0.93
未分配利润	18,841,228,817.39	17,831,191,285.89	34.12	35.91	－1.79
归属于母公司所有者权益合计	38,052,550,013.05	37,938,097,253.00	68.91	76.40	－7.49
少数股东权益	291,470,398.43	161,810,583.93	0.53	0.33	0.20
所有者权益合计	38,344,020,411.48	38,099,907,836.93	69.44	76.72	－7.29
负债和所有者权益总计	55,219,448,243.00	49,658,049,118.83	100.00	100.00	0.00

评价：从静态方面分析，该企业本期流动资产比重为89.21%，非流动资产比重为10.79%，据该公司的资产结构，可认为该公司流动性较好，资产风险不大。本期该公司流动资产比重下降了0.81%，非流动资产比重上升了0.81%，从整体来看，资产结构相对稳定。根据甲上市公司的资产负债表垂直分析表2-14可以发现，该公司本年流动资产的比重为89.21%，流动负债的比重为28.32%，属于稳健型结构。该公司上年流动资产的比重为90.02%，流动负债的比重为19.36%。从动态方面看，相对于上年，虽然该公司的资产结构有所改变，但该公司资产结构与资产结构适应程度的性质并未改变。

5.答：

表2-16 甲上市公司2016～2020年趋势分析表

项目	2020年	2019年	2018年	2017年	2016年
营业收入（%）	146.10	132.37	120.55	108.50	100
利润总额（%）	200.18	139.11	108.81	106.60	100
净利润（%）	188.03	142.38	118.75	106.88	100
每股收益（%）	154.29	117.14	97.86	107.86	100

从趋势分析表中可以看出，甲上市公司的营业收入、利润总额、净利润和每股收益在2019年和2020年都有较大幅度的增长，其中每股收益在2018年有所下降。从整体的状况来看，甲上市公司自2016年来营业收入、利润总额和净利润均呈现逐年增长的趋势，但每股收益波动较大。

6.答：

(1)排除比率最低的两家企业和最高的两家企业，则剩下11家企业的流动比率之和为14.035,718。故算术平均法下的行业平均流动比率＝14.035,718%÷11×100%＝1.28%。

(2)综合报表法下的行业平均流动率＝流动资产合计÷流动负债合计＝56,076,657,501.37÷42,160,086,845.46×100%＝1.33%。

(3)将上述15家企业比率按高低顺序排列，然后再找出最低和最高的25%，中间50%就为中位数比率，亦可将中位数比率再划分为上中位25%和下中位25%；最后依据企业比例的位置进行评价。由此可知，比率在上界的25%的NO13、NO4、NO2这3家企业有很好的盈利能力，比率在下界的25%的NO3、NO1、NO12这3家企业的盈利能力较差，比率在中位数的50%，说明企业有良好的盈利能力，而在上中位数表示盈利水平较高，在下中位数表示盈利能力一般。

7.答：

①$y=A\times B\times C$。

②$y_1=70\%\times 89\%\times 40\%=24.92\%$。

$y_0=73\%\times 84\%\times 37\%=22.69\%$。

分析对象：$y_1-y_0=24.92\%-22.69\%=2.23\%$。

③$y_A=70\%\times 84\%\times 37\%=21.76\%$。

$y_B=70\%\times 89\%\times 37\%=23.05\%$。

$y_C=70\%\times 89\%\times 40\%=24.92\%$。

④总资产产值率的影响：$y_A-y_0=21.76\%-22.69\%=-0.93\%$。

产品销售率的影响：$y_B-y_A=23.05\%-21.76\%=1.29\%$。

销售利润率的影响：$y_C-y_B=24.92\%-23.05\%=1.87\%$。

最后检验分析结果：$-0.93\%+1.29\%+1.87\%=2.23\%$。

8.答：

(1)$y=A\times B+C$。

(2)$y_1=14,000\times 120+110,000=1,790,000$。

$y_0=10,000\times 130+120,000=1,420,000$。

分析对象：y_1-y_0＝1,790,000－1,420,000＝370,000。

(3)因素分析：

产品变量变动的影响：(14,000－10,000)×130＝520,000。

单位变动成本的影响：14,000×(120－130)＝－140,000。

固定成本变动的影响：110,000－120,000＝－10,000。

(4)最后分析检验结果：520,000－140,000－10,000＝370,000。

第二节　财务效率分析

1.答：

存货周转次数＝300,000÷存货＝5(次)。

平均存货＝营业成本÷存货周转次数＝3。

平均存货＝(期初存货＋期末存货)÷2。

因为期初存货＝期末存货，所以期末存货＝60,000＝B。

流动资产＝总资产－固定资产＝500,000－300,000＝200,000。

流动负债＝流动资产÷流动比率＝200,000÷2＝100,000(元)。

C＝应付账款＝100,000－50,000＝50,000(元)。

A＝应收账款净额＝200,000－50,000－60,000＝90,000(元)。

负债总额＝总资产×资产负债率＝500,000×50％＝250,000(元)。

D＝非流动负债＝负债总额－流动负债＝250,000－100,000＝150,000(元)。

E＝未分配利润＝总资产－负债总额－股本＝500,000－250,000－600,000＝－350,000(元)。

2.答：

因为流动比率＝流动资产÷流动负债，所以，

期初流动比率＝5,042,098,920÷4,756,335,138＝1.06。

期末流动比率＝4,878,500,445÷1908,147,040＝2.56。

因为现金比率＝货币资金÷流动负债×100％，所以，

期初现金比率＝1,560,798,731÷4,756,335,138×100％＝32.82％。

期末现金比率＝1,072,875,571÷1,908,147,040×100％＝56.23％。

应收账款周转率＝赊销收入净额÷应收账款平均余额＝(营业收入净额－现销收入)÷应收账款平均余额＝(10,671,253,445－2,000,000,000)÷[(1,650,184＋1,799,222＋3,803,908,369＋3,179,500,967＋249,087,257)÷2]＝8,671,253,445÷3,617,973,000＝2.396,715,909。

因为资产负债率＝负债总额÷总资产×100％，所以，

期初资产负债率＝6,068,721,675÷11,342,892,955×100％＝53.5％。

期末资产负债率＝4,782,663,637÷10,747,464,619×100％＝44.5％。

因为股东权益比率＝1－资产负债率，所以，

期初股东权益比率＝1－53.5％＝46.5％。

期末股东权益比率＝1－44.5％＝55.5％。

已获利息倍数＝(利润总额＋利息支出)÷利息支出＝(1,105,691,126＋273,308,059)÷273,308,059＝5.05。

现金流量比率＝经营活动现金流量净额÷平均流动负债

＝2,730,619,636÷[(4,756,335,138＋1,908,147,040)÷2]＝0.82。

因为，资产长期负债率＝非流动负债÷资产总额×100％，所以，

期初资产长期负债率＝1,312,386,537÷11,342,892,955×100％＝11.57％。

期末资产长期负债率＝2,874,516,597÷10,747,464,619×100％＝26.75％。

长期负债营运资金比率＝(流动资产－流动负债)÷非流动负债×100％，所以，

期初长期流动负债营运比率＝(5,042,098,920－4,756,335,138)÷1,312,386,537×100％＝21.77％。

期末长期流动负债营运比率＝(4,878,500,445－1,908,147,040)÷2,874,516,597×100％＝103.33％。

现金债务总额比率＝经营活动现金流量净额÷负债平均余额×100％

＝2,730,619,636÷[(6,068,721,675＋4,782,663,637)÷2]×100％＝50.33％。

现金流量利息保障倍数＝经营活动现金流量净额÷利息费用

＝2,730,619,636÷273,308,059＝9.99。

3.答：

(1)

表 2-23　收入利润率分析表

收入利润率指标	2019 年	2020 年
息税前利润(元)	85,794,558,541.26	88,433,332,848.81
营业收入利润率	20.82％	19.08％
营业收入毛利率	36.25％	29.25％
总收入利润率	20.49％	18.37％

续表

收入利润率指标	2019 年	2020 年
销售净利润率	14.99%	14.15%
销售息税前利润率	20.80%	19.01%

(2)

表 2-24 成本利润率分析表

成本利润率指标	2019 年	2020 年
营业成本利润率	32.66%	26.96%
营业成本费用利润率	26.03%	22.81%
全部成本费用总利润率	25.56%	22.31%
全部成本费用净利润率	18.39%	16.59%

4.答：

表 2-26 资本经营能力计算表

收入利润率指标	2019 年	2020 年
总资产报酬率	4.96%	4.73%
负债利息率	0.63%	0.58%
净资产负债率(负债÷净资产)	5.3,934	4.3,429
净利润	57,404,467,138.19	55,773,027,046.37
净资产收益率	21.23%	15.94%

分析对象(净资产收益率差异)：15.94%－21.22%＝－5.28%。

采用连环替代法计算如下：

2019 年：[4.96%＋(4.96%－0.63%)×5.3,934]×(1－25%)＝21.24%。

第一次替代(总资产报酬率)：[4.73%＋(4.73%－0.63%)×5.3,934]×(1－25%)＝20.13%。

第二次替代(负债利息率)：[4.73%＋(4.73%－0.58%)×5.3,934]×(1－25%)＝20.33%。

第三次替代(净资产负债率)：[4.73%＋(4.73%－0.58%)×4.3,429]×(1－25%)＝17.06%。

第四次替代(所得税税率):[4.73%+(4.73%-0.58%)×4.3,429]×(1-30%)=15.93%。

2020年:[4.73%+(4.73%-0.58%)×4.3,429]×(1-30%)=15.93%。

总资产报酬率变动的影响为:20.13%-21.24%=-1.11%。

净资产负债利息率变动的影响为:20.33%-20.13%=0.2%。

资本结构变动的影响:17.06%-20.33%=-3.27%。

所得税税率变动的影响为:15.93%-17.06%=-1.13%。

5.答:

资产盈利能力分析 金额单位:万元

项目	当年	预计
营业收入	5,000	5,000+1,200=6,200
息税前利润	2,500	10%×6,200=620
平均总资产	12,000	6,200÷0.41=15,121.95
总资产周转率	5,000÷12,000=0.417	0.4
销售息税前利润率	2,500÷5,000=50%	10%
总资产报酬率	0.417×50%=20.85%	4%
总资产报酬率差异	-16%	

分析对象(总资产报酬率差异):4%-20.85%=-16.85%。

采用连环替代法计算如下:

总资产周转率变动的影响=(0.4-0.417)×50%=-0.85%。

销售息税前利润率的影响=0.4×(10%-50%)=-16%。

由分析可见,该企业新增加的项目由于投入资产较高,使得资产周转率对总资产报酬率带来的影响为负,且销售息税前利润对总资产报酬率的影响也是负的,因而总体的总资产报酬率由于新项目而将减少16%。

6.答:

(1)每股收益=(1,115,586-354,897)÷1,101,300=0.69。

普通股权益报酬率=(1,115,586-354,897)÷7,304,587×100%=10.41%。

股利发放率=(189,000÷1,101,300)÷0.69×100%=24.87%。

价格与收益比率=8.30÷0.69=12.03。

(2)2019年度的普通股权益报酬率为(1,522,881-354,897)÷5,386,953

×100%＝21.68%。

2020 年的普通股权益报酬率比 2019 年降低了 11.27%，对于其变动原因，用差额分析法分析。

净利润变动对普通股权益报酬率的影响：

[(1,115,586－354,897)－(1,522,881－354,897)]÷5,386,953×100%＝－7.56%。

普通股权益平均额变动对普通股权益报酬率的影响：

{[(1,115,586－354,897)÷7,304,587]－[(1,115,586－354,897)÷5,386,953]}×100%＝－3.71%。

－7.56%－3.71%＝－11.27%。

两因素共同作用的结果使得普通股权益报酬率降低了 11.27%。

7.答：

净利润增加＝可转换债券名义金额×利率×(1－T)＝200,000,000×10%×(1－25%)＝15,000,000(元)。

新增股份＝200,000,000÷1,000×40＝8,000,000(股)。

稀释性每股收益＝(20,000,000＋15,000,000)÷(400,000＋8,000,000)＝4.167(元)。

8.答：

(1)

反应资产经营盈利能力和资本经营盈利能力的指标　　金额单位:元

项目	2020 年	2019 年
平均总资产	10,747,464,619.00	11,342,892,955.00
利润总额	1,105,691,126.00	662,106,627.00
利息支出	273,308,059.00	319,591,750.00
息税前利润	1,378,999,185.00	981,698,377.00
净利润	811,952,981.00	560,419,577.00
总资产报酬率(%)	12.83	8.65
净资产收益率(%)	13.61	10.63

(2)分析对象(总资产报酬率):12.83%－8.65%＝4.18%

补充计算

项目	2020年	2019年
总资产周转率(次)	10,671,253,445÷10,747,464,619＝0.992,9	10,472,028,099÷11,342,892,955＝0.923,2
销售收入息税前利润率	1,378,999,185÷10,671,253,445×100%＝12.922,6%	981,698,377÷10,472,028,099×100%＝9.374,5%

因素分析:

总资产周转率变动的影响＝(0.992,9－0.923,2)×9.374,5%＝0.653,4%。

销售收入息税前利润变动的影响＝(12.922,6%－9.374,5%)×0.992,9＝3.522,9%。

检验结果:0.653,4%＋3.522,9%＝4.18%。

(3)第一,该企业的资本盈利能力以及资产经营盈利能力都比上年有所提高,并且提高幅度较大,同时该企业的商品经营能力与上年相比也有所提高。

第二,资本经营盈利能力的提高主要受资产经营盈利能力,即总资产报酬率提高的影响,同时,所得税税率也是使得净资产收益率提高的因素。

第三,总资产报酬率比上年提高了4.18%,其中总资产周转率提高的影响,它使总资产报酬率提高了0.653,4%;销售息税前利润率的提高使总资产报酬率提高了3.522,9%。可见本年资产营运能力的提升。资产经营盈利能力的提高起决定性作用。

第四,通过对该企业已有资料的盈利状况分析,该企业具有较强的资本保值增值能力,并且资产运营能力也不弱。

9.答:

(1)总资产产值率＝4,029,433.29÷[(2,261,401.87＋2,059,932.01)÷2]＝1.86。

(2)百元产值占用资金＝[(2,261,401.87＋2,059,932.01)÷2]÷4,029,433.29×100＝53.62(元)。

(3)总资产收入率＝4,025,660.78÷[(2,261,401.87＋2,059,932.01)÷2]＝1.86。

(4)总资产周转率＝4,025,660.78÷[(2,261,401.87＋2,059,932.01)÷2]

=1.87(次)。

10.答：

(1)流动资产周转率=3,666,492.42÷[(1,903,919.43+1,587,586.50)÷2]=2.10(次)。

流动资产周转期=[(1,903,919.43+1,587,586.50)÷2×360]÷3,666,492.42=171.41(天)。

(2)流动资产垫支周转=3,542,084.17÷[(1,903,919.43+1,587,586.50)÷2]=2.03(次)。

流动资产垫支周转期=[(1,903,919.43+1,587,586.50)÷2×360]÷3,542,084.17=177.43(天)。

(3)存货周转率=3,542,084.17÷[(94,195.30+88,220.53)÷2]=38.84(次)。

存货周转期=[(94,195.30+88,220.53)÷2×360]÷3,542,084.17=9.27(天)。

(4)应收账款周转率=3,666,492.42÷[(1,128,577.91+774,197.26)÷2]=3.85(次)。

应收账款周转期=[(1,128,577.91+774,197.26)÷2×360]÷3,666,492.42=93.41(天)。

11.答：

(1)固定资产产值率=4,662,367,832.89÷[(209,758,902.23+212,688,772.85)÷2]=22.07。

(2)生产设备产值率=4,662,367,832.89÷[(81,322,345.32+83,456,728.48)÷2]=56.59。

(3)生产用固定资产产值率=4,662,367,832.89÷[(145,869,743.56+150,231,121.69)÷2]=31.49。

(4)固定资产收入率=5,026,531,094.60÷[(209,758,902.23+212,688,772.85)÷2]=23.80。

12.答：

(1)

资产增长率指标计算表金额

单位:万元

项目	2017 年	2018 年	2019 年	2020 年
资产总额	4,200	5,900	9,100	15,000
资产增加额	—	1,700	3,200	5,900

续表

项目	2017 年	2018 年	2019 年	2020 年
资产增长率	—	40.48%	54.24%	64.84%
负债总额	1,700	2,600	3,700	5,500
股东权益总额	2,500	3,300	5,400	9,500
股东权益增加额	—	800	2,100	4,100
股东权益增加额占资产增加额的比重	—	47.06%	65.63%	69.49%

(2)根据上表可知 C 公司 2018 年、2019 年、2020 年的资产增长率分别为 40.48%、54.24%和 64.84%，说明该公司的资产规模不断增加，且资产增长率不断加大，说明 C 公司的资产规模具有良好的增长趋势。再结合股东权益的增长来看，从 2018 年至 2020 年股东权益增加额占资产增加额的比重不断增加，且后两年超过了 50%，说明后两年资产的增加主要是来自股东权益的增加，企业资产具备较好的增长潜力，因此总体来看 C 公司资产发展能力较强。

13.答：

表 2-34　利润增长率计算表　　金额单位：元

项目	2017 年	2018 年	2019 年	2020 年
营业利润	91,403.99	56,224.03	46,451.08	15,954.74
营业利润增长额		－35,179.96	－9,772.95	－30,496.34
营业利润增长率		－38.49	－17.38	－65.65
净利润	71,530.44	47,603.95	41,329.03	15,686.73
净利润增长额		－23,926.49	－6,274.92	－25,642.30
净利润增长率		－33.45	－13.18	－62.04

先分析营业利润增长情况，如表 2-34 所示，该公司 2018 年、2019 年、2020 年的营业利润增长率分别为－38.49%、－17.38%和－65.65%，可见该企业的营业利润不断下滑，其增长规模不断缩小，呈现出不太可观的局面。

然后分析该企业净利润的增长情况，该企业 2018 年、2019 年、2020 年的净利润增长率分别为－33.45%、－13.18%和－62.04%，可见该企业的净利润增长率也在不断地下滑。虽然在 2019 年的净利润较 2018 年有所升高，但增长率还是为负。

在结合营业利润增长率分析，可以看出该公司 2018 年、2019 年、2020 年的净利润增长率超过营业利润增长率，说明这几年的净利润增长除了来自营业利润的增长外，还有非经营性损益所起的作用。整体而言，该企业的利润增长能力有待提高。

14.答：

(1)从表 2-35 数据我们可以，该公司的营业收入规模在不断扩大，收入增长率呈现不断上升的趋势，且 2020 年呈现急剧上升趋势。因此可以判断出该公司的销售增长性良好。

(2)利用题目给出的有关数据，计算该公司的股东权益增长率、营业利润增长率、净利润增长率、收入增长率、资产增长率，分析该公司的整体发展能力。其计算过程见下表。

增长率计算表

金额单位：万元

项目	2017 年	2018 年	2019 年	2020 年
股东权益	436,117.02	394,684.42	592,039.51	723,164.84
股东权益增加额		−41,432.60	197,355.09	131,125.33
股东权益增长率		−9.50%	50.00%	22.15%
营业利润	28,724.85	23,393.58	23,257.13	44,385.55
营业利润增加额		−5331.27	−136.45	21,128.42
营业利润增长率		−18.56%	−0.58%	90.85%
净利润	20,259.17	19,352.23	18,732.26	33,454.47
净利润增加额		−906.94	−619.97	14,722.21
净利润增长率		−4.48%	−3.20%	78.59%
营业收入	1,583,364.98	1,674,124.26	1,769,248.48	3,940,941.65
营业收入增加额		90,759.28	95,124.22	2,171,693.17
收入增长率		5.73%	5.68%	122.75%
资产总额	853,529.56	799,373.56	1,611,780.01	1,708,255.81
资产增加额		−54,156	812,406.45	96,475.80
资产增长率		−6.34%	101.63%	5.99%

从上表可以看出，该公司自2017年以来股东权益在呈先升后降的趋势，这说明该公司的股东权益增长率不太稳定。分析原因可以发现公司在2018年和2020年的净利润增长率一直高于其当年的股东权益增长率，这说明该公司的股东权益增长最近主要来自生产经营活动所创造的利润，可以判断该公司的股东权益发展能力有待提高。

对比三年来的净利润增长率可以发现，该公司三年来净利润增长率一直在增加。分析其原因，对比三年的营业收入和净利润可知，三年的净利润增长率均低于当年的收入率，这反映出该公司三年来近日润增长能力较差，市场竞争能力较弱。

根据2018年、2019年、2020年的收入增长率指标，可知该公司三年的营业利润增长率均低于收入增长率，且营业利润增长率本身呈现出上升趋势，说明该公司的营业收入增长超过营业成本、期间费用等成本费用的增加，营业利润增长能力较好。

比较该公司三年的收入增长率可知该公司三年来收入增长率一直保持上升趋势的比率，这说明该公司的销售具备良好的增长趋势。

综合以上几方面的分析，除了股东权益增长率和资产增长率的稳定性值得进一步探讨以外，还可知该公司的营业收入增长率、营业利润增长率和净利润增长率基本能够保持同步增长，且2020年保持较高水平，因此判断出该公司具有良好的整体发展能力。

15.答：

①首先对2018年、2019年这两年的EVA变化进行分析。

分析对象：63,013.98－26,015.03＝36,998.95(元)。

连环替代分析：

2018年EVA：(7.52％－5.32％)×1,182,501.56＝26,015.03(元)。

第一次替代：(11.356％－5.32％)×1,182,501.56＝71,375.79(元)。

第二次替代：(11.356％－6.54％)×1,182,501.56＝56,949.28(元)。

2019年EVA：(11.356％－6.54％)×1,308,429.91＝63,013.98(元)。

净资产收益率变动的影响：71,375.79－26,015.03＝45,360.76(元)。

股东权益资本成本率变动的影响：56,949.28－71,375.79＝－14,426.51(元)。

净资产变动的影响：63,013.98－56,949.28＝6,064.7(元)。

②其次对该公司2019年、2020年这两年的EVA变化进行分析。

分析对象：88,344.21－63,013.98＝25,330.23(元)。

连续替代分析：

2019 年 EVA：(11.356％－6.54％)×1，308，429.91＝63，013.98(元)。

第一次替代：(13.238％－6.54％)×1，308，429.91＝87，638.64(元)。

第二次替代：(13.238％－6.73％)×1，308，429.91＝85，152.62(元)。

2020 年 EVA：(13.238％－6.73％)×1，357，470.93＝88，344.21(元)。

净资产收益率变动的影响：87，638.64－63，013.98＝24，624.66(元)。

股东权益资本成本率变动的影响：85，152.62－87，638.64＝－2，486.02(元)。

净资产变动的影响：88，344.21－85，152.62＝3，191.59(元)。

由上述分析可以看出，2019 年企业的高 EVA 改善率主要是得益于净资产收益率的提高，由于净资产收益率的提高而带来的 EVA 改善率为 174.36％(45，360.76/26，015.03)；相对于净资产收益率变动的影响，权益资本成本率和净资产变动对 EVA 改善率的影响则较小，分别为－55.45％(－14，426.51/26，015.03)和 23.31％(6，064.7/26，015.03)，这说明公司在 2020 年的盈利能力明显增强，并因此而导致股东财富大幅度增加。同理，2020 年净资产收益率提高带来的 EVA 改善率为 39.09％；由于权益资产成本，导致 EVA 改善率下降了 3.95％；由于净资产变动时 EVA 改善率提高 5.06％。从数据中不难看出，2020 年对 EVA 改善率起主导作用的仍然是净资产收益率的提高，但是相比于 2019 年三个影响因素的作用幅度均下降，但这种下降并不代表企业没有增长能力，而是放缓了增长的脚步。总的来说，该企业这几年增长能力较强，发展趋向稳定，且状态良好。

第三章　预算编制

第一节　预算编制的方法

一、选择、判断题

1.B　2.B　3.错误　4.ACD　5.C　6.C　7.D　8.B

二、计算题

1.答：

预算期的修理费用总额＝3，000＋2×3，500＝10，000(元)。

2.答：

当人工工时为 500 工时时，制造费用总额预算总额为 5，930＋23.5×500＝

17,680(元)。

当人工工时为650工时时,制造费用总额预算总额为6,930+23.5×650=22,205(元)。

3.答:

当实际工时为500工时时,实际发生制造费用17,100元<制造费用预算额18,730元,则说明该企业在控制变动成本方面做得很好。

4.答:

表3-7　A公司2020年制造费用预算表

项目		2020年			2021年	
		第二季度	第三季度	第四季度	第一季度	合计
直接人工预算总工时(小时)		5,200	5,300	4,800	5,400	20,700
变动制造费用	间接人工费用	249,600	254,400	230,400	259,200	993,600
	水电与维修费用	125,000	125,000	117,500	135,000	502,500
	小计	374,600	379,400	347,900	394,200	1,496,100
固定制造费用	设备租金	144,000	144,000	144,000	144,000	576,000
	管理人员工资	80,000	80,000	80,000	80,000	320,000
	小计	224,000	224,000	224,000	224,000	896,000
制造费用合计		598,600	603,400	571,900	618,200	2,392,100

5.答:

(1)①间接人工费用预算工时分配率=213,048÷48,420×(1+10%)=4.84(元/小时)。

②间接人工费用总预算额=50,000×4.84=242,000(元)。

③设备租金总预算额=194,000×(1-20%)=155,200(元)。

(2)设备租金是约束性固定成本,是必须支付的。生产准备费和车间管理费属于酌量性固定成本,发生额的大小取决于管理当局的决策行动,由于生产准备费的成本效益远高于车间管理费,根据成本效益分析原则,应该尽量减少车间管理费。

①确定车间管理费用总预算额=12,000(元)。

②计算生产准备费总预算额=185,200-155,200-12,000=18,000(元)。

第二节　预算编制的内容

一、选择题

1.A　2.A　3.A　4.B　5.D　6.C　7.A　8.ABCD　9.C　10.CD　11.C　12.ACD　13.D　14.ACD　15.A　16.D　17.CD　18.BC

二、计算题

1.答：

表 3-14　2020 年 A 公司销售预算　　金额单位:元

季度	一	二	三	四	全年
预计销售量(件)	2,000	2,500	3,000	2,800	10,300
预计单位售价	2,000	2,000	2,000	2,000	2,000
销售收入	4,000,000	5,000,000	6,000,000	5,600,000	20,600,000
预计现金收入:					
上年应收账款	500,000				500,000
第一季度	3,200,000	800,000			4,000,000
第二季度		4,000,000	1,000,000		5,000,000
第三季度			4,800,000	1,200,000	6,000,000
第四季度				4,480,000	4,480,000
现金收入合计	3,700,000	4,800,000	5,800,000	5,680,000	19,980,000
期末应收账款				1,120,000	1,120,000

2.答：

(1)现金收入＝30,000×10×60％＋20,000×10×30％＋10,000×10×10％＝250,000(元)。

(2)应收账款＝30,000×10×40％＋20,000×10×10％＝140,000(元)。

3.答：

(1)A＝16,500;B＝12,600;C＝19,050;D＝5,850。

(2)21,000×30％＝6,300(万元)。

4.答：

表 3-16　M 公司 2021 年生产预算　　单位：件

季度	一	二	三	四	全年
预计销售量	1,000	1,500	2,000	1,800	6,300
加：预计期末产成品存货	150	200	180	200	200
合计	1,150	1,700	2,180	2,000	6,500
减：预计期初产成品存货	100	150	200	180	100
预计生产量	1,050	1,550	1,980	1,820	6,400

5.答：

表 3-17　M 公司 2021 年直接材料预算

季度	一	二	三	四	全年
预计生产量（件）	1,000	1,500	2,000	1,800	6,300
单位产品材料用量（千克/件）	20	20	20	20	20
生产需用量（千克）	20,000	30,000	40,000	36,000	126,000
加：预计期末存量（千克）	6,000	8,000	7,200	3,000	3,000
减：预计期末存量（千克）	4,000	6,000	8,000	7,200	4,000
预计材料采购量（千克）	22,000	32,000	39,200	31,800	125,000
单价（元/千克）	100	100	100	100	100
预计采购金额（元）	2,200,000	3,200,000	3,920,000	3,180,000	12,500,000
预计现金支出：					
上年应付账款	240,000				240,000
第一季度	1,320,000	880,000			2,200,000
第二季度		1,920,000	1,280,000		3,200,000
第三季度			2,352,000	1,568,000	3,920,000
第四季度				1,908,000	1,908,000
全年	1,560,000	2,800,000	3,632,000	3,476,000	11,468,000
期末应付账款				1,272,000	1,272,000

6.答：

(1)A＝16,000＋1,200＝17,200。 B＝70,000＋1,300＝71,300。

C＝19,200－180,000÷10＝1,200。D＝150,000÷10＝15,000。

E＝693,000÷10＝69,300。

(2)第一季度采购支出＝15,0000×40％＋80,000＝140,000(元)。

第四季度末应付账款＝201,000×60％＝120,600(元)。

7.答：

表 3-20 M 公司 2021 年直接人工预算

	第一季度	第二季度	第三季度	第四季度	全年
预计产量(件)	1,000	1,500	2,000	1,800	6,300
单位产品工时(小时/件)	20	20	20	20	20
人工总工时(小时)	20,000	30,000	40,000	36,000	126,000
每小时人工成本(元/小时)	50	50	50	50	50
人工总成本(元)	1,000,000	1,500,000	2,000,000	1,800,000	6,300,000

8.答：

(1)

表 3-21 M 公司制造费用预算

	第一季度	第二季度	第三季度	第四季度	全年
变动制造费用：					
间接人工(10 元/件)	10,000	15,000	20,000	18,000	63,000
间接材料(20 元/件)	20,000	30,000	40,000	36,000	126,000
修理费(30 元/件)	30,000	45,000	60,000	54,000	189,000
水电费(20 元/件)	20,000	30,000	40,000	36,000	126,000
小计	80,000	120,000	160,000	144,000	504,000
固定制造费用：					
修理费	15,000	12,000	15,500	15,500	58,000
折旧	100,000	100,000	100,000	100,000	400,000
管理人员工资	120,000	130,000	120,000	120,000	490,000

续表

	第一季度	第二季度	第三季度	第四季度	全年
保险费	15,000	17,000	18,000	28,000	78,000
财产税	7,000	7,000	7,000	7,000	28,000
小计	257,000	266,000	260,500	270,500	1,054,000
合计					
减:折旧	100,000	100,000	100,000	100,000	400,000
现金支出	237,000	286,000	320,500	314,500	5,658,000

(2)变动制造费用小时费用分配率＝总的变动制造费用/总工时＝504,000÷126,000＝4。

固定制造费用小时费用分配率＝总的固定制造费用/总工时＝1,054,000÷126,000＝8.37。

9.答：

(1)单位变动制造费用＝(54,000－48,000)÷(5,500－4,500)＝6(元)。

固定制造费用总额＝54,000－5,500×6＝21,000(元)。

(2)2020 年第一季度 A 产品的预计制造费用总额＝21,000×5,160＝108,360,000(元)。

(3)A＝6,000×10％＝600(件)；B＝480(件)；C＝4,800＋A－B＝4,800＋600－480＝4,920(件)；D＝5,000×10％＝500(件)；E＝A＝600(件)；F＝6,000＋D－E＝6,000＋500－600＝5,900(件)。

(4)①2020 年第二季度的销售收入预算总额＝4,800×200＝960,000(元)。

②2020 年第二季度的相关现金收入预算总额＝960,000×70％＋5,200×200×30％＝984,000(元)。

10.答：

(1)① W 产品的第一季度现金收入＝80,000＋100×1,000×60％＝140,000(元)。

②资产负债表预算中应收账款的年末数＝400×1,000×40％＝160,000(元)。

(2)①第一季度预计材料期末存货量＝200×10％×10＝200(千克)。

②第二季度预计材料采购量＝(200＋300×10％－20)×10＝2,100(千克)。

③第三季度预计材料采购金额＝(300＋400×10％－300×10％)×10×5＝15,500(元)。

(3)①设取得短期借款金额为 X 元，则 $26,700+X-X\times10\%\div12\times3\geqslant 50,000$；求得 $X\geqslant23,897.44$(元)，因为借款和还款数额须为 1,000 元的整数倍，所以，取得短期借款金额＝24,000(元)。

②短期借款利息金额＝24,000×10%÷12×3＝600(元)。

③期末现金余额＝26,700＋24,000－600＝50,100(元)。

11.答：

(1)3,500×30%＝1,050(万元)。

(2)$A=2,000\times70\%=1,400$。

$B=500+1,400-1,500=400$。

$C=4,000\times70\%+3,000\times30\%=3,700$。

$D=1,090+3,650-1,540=3,200$。

12.答：

$A=-7,500+6,000+2,600-52-540=508$。

$B=260\times8\%\div4=52$。

$C=503+540+52+1,450=2,545$。

$D=(2,600-1,450)\times8\%\div4=23$。

$-450+E-690-E\times8\%\div4\geqslant500$，解得 $E\geqslant1,673.47$。因为银行要求借款金额是 100 万元的倍数，所以 E 为 1,700 元。

13.答：

$A=50$(万元)。

$B=1,000\times10\%+650\times80\%=620$(万元)。

$C=612+(50-30)=632$(万元)。

$D=750\times60\%=450$(万元)。

$E=1,539+90=1,629$(万元)。

第四章　筹资管理

第一节　筹资方式的选择与应用

一、选择题

1.B　2.C　3.A　4.B　5.A　6.D　7.D　8.B　9.D　10.CD　11.BCD　12.ACD

二、计算题

1.答：

(1)每年租金＝[1,000,000－20,000×(*P*/*F*,12%,5)]÷(*P*/*A*,12%,5)＝274,260(元)。

(2)2022年期初本金:1,000,000(元)。

2022年支付租金:274,260(元)。

2022年应计租费:1,000,000×12%＝120,000(元)。

2022年本金偿还额:274,260－120,000＝154,260(元)。

2022年本金余额:1,000,000－154,260＝845,740(元)。

2.答：

(1)发行可转换债券的年利息:10×2%＝0.2(亿元)。

发行一般债券的年利息:10×5%＝0.5(亿元)。

节约的利息:0.5－0.2＝0.3(亿元)。

(2)2022年基本每股收益:10÷20＝0.5(元/股)。

2022年至少应达到的利润:0.5×12＝6(亿元)。

2022年至少应达到的净利润增长率:(6－4)÷4＝50%。

(3)A公司将面临可转换公司债券无法转股的财务压力,增加了企业的财务风险,也可能会面临大额资金流出的压力。

第二节　资本成本与资本结构

一、选择题

1.C　2.A　3.B　4.D　5.C　6.D　7.D　8.B　9.A　10.CD　11.BCD　12.AD　13.AB　14.ACD

二、计算题

1.答：

(1)甲公司银行借款的资本成本＝5%×(1－25%)＝3.75%。

(2)甲公司发行债券的资本成本＝6.1%×(1－25%)÷(1－2%)＝4.67%。

(3)甲公司发行优先股的资本成本＝7.2%÷(1－3%)＝7.42%。

(4)甲公司留存收益的资本成本＝3.5%＋1.5×(8.5%－3.5%)＝11%。

(5)甲公司的加权平均资本成本＝3,000÷20,000×3.75%＋7,000÷20,000×11%＋5,000÷20,000×4.67%＋5,000÷20,000×7.42%＝7.435%。

2.答：

(1)A 方案：

息税前利润＝10×(10－5.5)－25＝20(万元)。

经营杠杆系数＝10×(10－5.5)÷20＝2.25。

负债资金的利息＝120×5％＝6(万元)。

财务杠杆系数＝20÷(20－6)＝1.43。

总杠杆系数＝2.25×1.43＝3.22。

B 方案：

息税前利润＝10×(10－4)－35＝25(万元)。

经营杠杆系数＝10×(10－4)÷25＝2.4。

负债资金的利息＝120×5％＝6(万元)。

财务杠杆系数＝25÷(25－6)＝1.32。

总杠杆系数＝2.4×1.32＝3.17。

(2)当销售量下降 10％时，A 方案的息税前利润下降＝3.22×10％＝32.2％。

当销售量下降 10％时，B 方案的息税前利润下降＝3.17×10％＝31.7％。

(3)因为 A 方案的总杠杆系数大于 B 方案的总杠杆系数，所以，A 方案的总风险更大。

3.答：

(1)($EBIT$－600×5％－500×6％)×(1－25％)÷1,000＝($EBIT$－600×5％)×(1－25％)÷(1,000＋600)，解得：$EBIT$＝110(万元)。

(2)追加筹资后的预计息税前利润＝1,000×(1－60％)－220＝180(万元)。

(3)甲公司选择方案一的每股收益为：(180－600×5％－500×6％)×(1－25％)÷1,000＝0.09(元)。

甲公司选择方案二的每股收益为：(180－600×5％)×(1－25％)÷(1,000＋600)＝0.07(元)。

应当选择方案一，通过发行债券筹资。因为选择方案一的每股收益大于方案二的每股收益，所以应该选择方案一。

4.答：

（1）

表 4-2　某公司市场价值与企业加权平均资本成本

债券市场价值（万元）	①股票市场价值（万元）	②公司市场总价值（万元）	③债券资金比重	④股票资金比重	⑤债券资本成本	⑥权益资本成本	⑦加权平均资本成本
400	1,539.03	1,939.03	40%	60%	4.5%	13.45%	9.87%
600	1,424.54	2,024.54	60%	40%	5.25%	13.87%	8.698%
800	1,329.11	2,129.11	80%	20%	6%	14.22%	7.644%
1,000	1,061.32	2,061.32	100%	0	8.25%	16.96%	8.25%

计算思路及步骤(以债券市场价值＝400 万元为例)：

③债券资金比重＝400÷1,000＝40%。

④股票资金比重＝1－40%＝60%。

⑥权益资本成本＝4%＋1.35×7%＝13.45%。

⑤债券资本成本＝6%×(1－25%)＝4.5%。

⑦加权平均资本成本＝40%×4.5%＋60%×13.45%＝9.87%。

①股票市场价值＝(300－400×6%)×(1－25%)÷13.45%＝1,539.03(万元)。

②公司市场总价值＝1,539.03＋400＝1,939.03(万元)。

(2)由于负债资金为 800 万元时，企业价值最大，加权平均资本成本最低，因此应该再发行 400 万元的债券，用来回购股票。

第五章　投资管理

第一节　项目投资决策

一、选择题

1.A　2.C　3.D　4.C　5.D　6.A　7.D　8.B　9.B　10.BC　11.AD

二、计算题

1.答：

原始投资额现值＝500＋500×(P/F,8%,1)＝962.95(万元)。

净现值＝290×(P/A,8%,5)－962.95＝194.93(万元)。

年金净流量＝194.93÷(P/A,8%,5)＝48.82(万元)。

现值指数＝(194.93＋962.95)÷962.95＝1.20。

包括投资期的静态回收期＝1＋1,000÷290＝4.45(年)。

不包括投资期的静态回收期＝4.45－1＝3.35(年)。

决策:因为该项目的净现值大于零,年金净流量大于零,现值指数大于1,静态回收期小于项目的寿命期,所以该项目具有可行性。

2.答:

A方案设备的购置成本＝22(万元)。

每年折旧抵税的现值＝(22－2)÷5×25%×(P/A,8%,5)＝3.9927(万元)。

设备残值的现值＝2×(P/F,8%,5)＝1.3612(万元)。

设备的年金成本＝(22－3.9927－1.3612)÷(P/A,8%,5)＝4.17(万元)。

决策:因为A方案的年金成本低于B方案,所以甲公司应该选择A方案。

3.答:

(1)旧设备现金净流量的现值＝－6,500＋[－1,200×(1－25%)＋500×25%]×(P/A,10%,12)＋500×(P/F,10%,12)＝－11,621.32(万元)。

(2)旧设备的年金成本＝11,621.32÷(P/A,10%,12)＝1,705.58(万元)。

(3)新设备现金净流量的现值＝－9,000＋[－900×(1－25%)＋600×25%]×(P/A,10%,14)＋600×(P/F,10%,14)＝－12,707.74(万元)。

(4)新设备的年金成本＝12,707.74÷(P/A,10%,14)＝1,725.02(万元)。

(5)甲公司不应该进行设备更新,应继续使用旧设备。因为继续使用旧设备的年金成本更低。

第二节　证券投资决策

一、选择题

1.B　2.A　3.C　4.B　5.D　6.A　7.C　8.B　9.BD

二、计算题

1.答

(1)甲方案债券的价值＝(100×2%×5＋100)×(P/F,6%,5)＝82.203(元)。

乙方案债券的价值＝(100×7%×5＋100)×(P/F,6%,5)＝100.86(元)。

丙方案债券的面值＝100×8%×(P/A,6%,5)＋100×(P/F,6%,5)＝108.43(元)。

(2)甲方案债券的内部收益率:$(100\times2\%\times5+100)\times(P/F,i,5)=85$,则$i=5.33\%$。

乙方案债券的内部收益率:$(100\times7\%\times5+100)\times(P/F,i,5)=105$,则$i=5.20\%$。

(3)应该选择丙方案,从债券价值来看,丙方案的债券价值大于购买价格,从收益率来看,丙方案的内部收益率大于投资者的最低收益率,值得购买。

2.答:

(1)A公司股票第一年的股利为:$0.5\times(1+15\%)=0.575$(元)。

A公司股票第二年的股利为:$0.115\times(1+15\%)=0.132,25$(元)。

A公司股票的价值$=0.575\times(P/F,10\%,1)+0.132,25\times(P/F,10\%,2)+[0.132,25\times(1+3\%)\div(10\%-3\%)]\times(P/F,10\%,2)=9.11$(元)。

B公司股票的价值$=1.1\div10\%=11$(元)。

C公司股票的价值$=0.2\times(1+8\%)\div(10\%-8\%)=10.8$(元)。

(2)B公司股票的内部收益率$=1.1\div12=9.17\%$。

C公司股票的内部收益率$=0.2\times(1+8\%)\div8+8\%=2.67\%$。

(3)甲公司应当购买C公司的股票,从股票的价值来看,只有C公司的股票价值大于其购买价格,从内部收益率来看,只有C公司股票的内部收益率高于投资者要求的必要报酬率。

第六章 营运资金管理

第一节 现金管理

一、选择题

1.BC 2.BD 3.A 4.C 5.BC

二、计算题

1.答:

(1)$C^*=\sqrt{\dfrac{2\times6,400\times0.2}{10\%}}=160$。

(2)最佳现金持有量下的现金转换次数$=6,400\div160=40$(次)。

(3)最佳现金持有量下的现金交易成本$=40\times0.2=8$(万元)。

(4)最佳现金持有量下持有现金的机会成本$=(160\div2)\times10\%=8$(万元)。

(5)最佳现金持有量下的相关总成本=16。

2.答：

(1)最佳现金持有量=$(2\times490,000\times300\div6\%)^{\frac{1}{2}}$=70,000(元)。

(2)最低现金管理相关总成本=70,000÷2×6%+490,000÷70,000×300=4,200(元)。

(3)全年现金交易成本=490,000÷70,000×300=2,100(元)。

全年持有现金机会成本=70,000÷2×6%=2,100(元)。

(4)有价证券交易次数=490,000÷70,000=7(次)。

有价证券交易间隔期=360÷7=51.43(天)。

3.答：

(1)现金余额期望值=0.2×5,000+0.5×20,000+0.2×35,000+0.1×50,000=23,000(元)。

每日现金流量方差:$\delta^2=(5,000-2,300)\times0.2+(2,000-2,300)^2\times0.5+(3,500-2,300)^2\times0.2+(5,000-2,300)^2\times0.1=171,000,000$。

$$R=\left(\frac{3\times b\times\delta^2}{4\times i}\right)^{\frac{1}{3}}+L\left(\frac{3\times400\times171,000,000^2}{4\times\frac{9\%}{360}}\right)^{\frac{1}{3}}+5,000=63,983(\text{元})。$$

$H=3R-2L=3\times63,983-2\times5,000=181,949$(元)。

(2)当现金余额为 10 万元时,不进行现金调整。

(3)当现金余额为 20 万元时,应投资 136,017 元(200,000-63,983)于有价证券。

第二节　应收账款管理

一、选择题

1.A　2.D　3.BC　4.ACD　5.ABC　6.ACD

二、计算题

1.答：

(1)改变信用条件引起的现金折扣成本增加额=36,000×2%×50%=360(万元)。

(2)改变信用条件后应收账款的平均收现期=10×50%+40×50%=25(天)。

(3)应收账款的机会成本增加额=改变信用条件后应收账款机会成本-改

变信用条件前应收账款机会成本＝36,000÷360×25×60％×15％－36,000÷360×40×60％×15％＝－135(万元)。

(4)改变信用条件引起税前利润增加额＝－360－(－135)－(－400)＝175(万元)。

(5)因为增加的税前损益万元大于175,所以改变信用政策是可行的。

2.答:

(1)2021年应收账款平均余额＝4,500×60÷360＝750(万元)。

(2)2021年变动成本率＝250÷500＝50％。

(3)2021年应收账款的机会成本＝750×50％×10％＝37.5(万元)。

(4)2022年预计的应收账款的周转率＝4,500×(1＋40％)÷1000＝6.3(次),2022年应收账款周转天数＝360÷6.3＝57.14(天)。

3.答:

(1)2020年年末的应收账款余额＝1,500×10％＋2,500×30％＋3,000×60％＝2,700(万元)。

(2)平均日销售额＝(3,800＋1,500＋2,500＋3,000)÷360＝30(万元)。

应收账款周转天数＝期末应收账款/平均日销售额＝2,700÷30＝90(天)。

应收账款的平均逾期天数＝90－70＝20(天)。

(3)2020年第4季度的现金流入＝3,000×40％＋2,500×30％＋1,500×20％＋3,800×10％＝2,630(万元)。

(4)2021年平均日销售额＝14,400÷360＝40(万元)。

2021年应收账款余额＝平均日销售额×应收账款周转天数＝40×(90－10)＝3,200(万元)。

应收账款保理资金回收额＝3,200×90％＝2,880(万元)。

第三节　存货管理

一、选择题

1.ABC　2.B　3.D　4.ABD　5.BD

二、计算题

1.答:

(1)经济订货批量＝$(2\times 80,000\times 20\div 0.8)^{\frac{1}{2}}$＝2,000(千克)。

(2)每年最佳订货次数=80,000÷2,000=40(次)。

(3)最佳订货周期=360÷40=9(天)。

(4)经济订货量平均占用资金=2,000÷2×15=15,000(元)。

(5)与经济订货批量相关的存货总成本=$(2\times 80,000\times 20\times 0.8)^{\frac{1}{2}}$=1,600(元)。

(6)在经济订货批量下,变动订货成本=40×20=800(元)。

变动储存成本=2000÷2×0.8=800(元)。

2.答:

(1)每次订货变动成本=(800,000-260,000)÷60=9,000(元)。

(2)单位变动储存成本=1+50×6%=4(元/件)。

(3)经济订货批量=$[(2\times 9,000\times 1,800,000)\div 4]^{\frac{1}{2}}$=90,000(件)。

每年最佳订货次数=1,800,000÷90,000=20(次)。

最佳订货周期=360÷20=18(天)。

(4)每日平均需用量=1,800,000÷360=5,000(件)。

再订货点=6×5,000=30,000(件)。

3.答:

(1)根据经济订货基本模型,经济订货批量 $Q^*=\sqrt{2KD/K_c}$,其中每次订货的变动成本用 K 表示,单位变动成本用 K_c 来表示,变动成本与存货的数量有关,如存货资金的应计利息、存货的破损和变质损失、存货的保险费用等,即存货的储存费率。年需要量用 D 表示。则本题中经济订货批量=$\sqrt{\frac{2\times 500\times 250,000}{10}}$=5,000(件)。

全年订货次数=年需要量/经济订货批量=250,000÷5,000=50(次)。

(2)根据公式:$TC(Q^*)=\sqrt{2\times K\times D\times K_c}$,与经济订货批量相关的A材料的年存货总成本$\sqrt{2\times 500\times 250,000\times 10}$=50,000(元)。

(3)每日平均需要量=年需要量/全年平均开工天数=250,000÷250=1,000(件/天);再订货点=平均交货时间×每日平均需用量=1,000×5=5,000(件)。

第七章　收入与利润分配管理

第一节　收入管理

一、选择题

1.D　2.B　3.B　4.C　5.ABD　6.D　7.B

二、计算题

1.答：

计划内单位丁产品价格＝(95＋190)×(1＋20％)÷(1－5％)＝360(万元)。

额外 1,000 件定价＝190×(1＋20％)÷(1－5％)＝240(元)。

应该接。

2.答：

(1)单位甲产品的价格＝(110＋90,000÷1,000)×(1＋20％)÷(1－5％)＝252.63(元)。

(2)单位乙产品的价格＝(24,000÷8,000＋65)÷(1－5％)＝71.58(元)。

(3)单位丙产品的价格＝(460,000＋540,000)÷[12,000×(1－5％)]＝87.72(元)。

(4)单位乙产品的价格＝65×(1＋20％)÷(1－5％)＝82.11(元)。

(5)由于额外订单单价 110 元高于其按变动成本计算的价格 82.11 元，所以，应接受这一额外订单。

第二节　利润分配管理

一、选择题

1.A　2.B　3.C　4.D　5.CD

二、计算题

1.答：

按照目标资本结构，公司投资方案所需的权益资本数额为：1,200×70％＝840(万元)。2020 年可以发放的股利为：1,000－840＝160(万元)。假设公司当年流通在外的普通股为 1,000 万股，那么，每股股利为：160÷1,000＝0.16(元/股)。

2.答：

(1)投资方案所需的自有资金金额＝800×60％＝480(万元)；投资需要从

外部借入的资金金额＝800×40％＝320(万元)。

(2)在保持目标资本结构的前提下,执行剩余股利政策:2021 年度应分配的现金股利＝900－480＝420(万元)。

(3)在不考虑目标资本结构的前提下,执行固定股利政策:2021 年度应分配的现金股利＝2020 年的现金股利＝550(万元);可用于 2022 年投资的利润留存＝900－550＝350(万元);需要额外筹集的资金额＝800－350＝450(万元)。

(4)在不考虑目标资本结构的前提下,执行固定股利支付率政策:股利支付率＝550÷1,000×100％＝55％;2021 年度应分配的现金股利＝900×55％＝495(万元)。

(5)2021 年度应分配的现金股利＝900－800＝100(万元)。

参考文献

1.财政部会计资格评价中心:《中级会计资格财务管理》,经济科学出版社2019年版。

2.财政部会计资格评价中心:《财务管理》,经济科学出版社2021年版。

3.揭志锋:《财务管理(第三版)》,东北财经大学出版社2022年版。

4.麻淑秋主编:《财务管理实训教程》,中国人民大学出版社2015年版。

5.吴井红主编:《财务预算与分析》,上海财经大学出版社2021年版。

6.闫华红:《中级财务管理》,北京科学技术出版社2021年版。

7.张先治、陈友邦主编:《财务分析》,东北财经大学出版社2017年版。